言葉にできない気持ちをわかってほしい

思春期の男の子が親に求めていること

親と子の
心理コミュニケーション協会 代表
中野日出美

大和出版

はじめに　今、思春期の息子さんのことで悩んでいるあなたへ――

この本を手にとっていただきまして、どうもありがとうございます。

「うるせえな！　クソババア。放っておいてくれよ！」


思えば、私の息子が思春期へと突入し、あまりにも激しい反抗と乱暴な言葉、態度にショックを受け、たじろいだのは、今から20年近く前のことになります。

それまでは本当にやさしく、手のかからなかった息子が、素直に言うことを聞かなくなり、何かと言えば反抗し、私の前ではほとんど笑顔を見せなくなりました。

親である私は、何とか自分の言うことを聞かせよう、息子を思っている気持ちをわかってもらおうと必死でした。

しかし、私が躍起になればなるほど、息子の気持ちは離れていくばかりでした。

あんなにお母さんっ子だった息子が、気がつけば、私のことをなかば敵と見なし、何を言ってもうるさがるばかり……。

あれから私は心理学を学び、心理セラピストとして3000人以上の親子関係の問題にかかわらせていただきました。

また、娘と息子を育て上げた1人の母親としても、ずいぶんたくさんのことを学ばせてもらいました。

今ならば、はっきりとわかります。

息子の反応は自然なことであり、間違えていたのは親である私のほうであったと。

息子が思春期バージョンに入ったのならば、私も思春期の息子の親バージョンにスイッチを切り換える必要があったのです。

しかし、何しろ上に娘がいるとはいえ、長男である息子は、私にとっては初めての男の子。恥ずかしながら、こんなにも男の子の思春期が大変だとは知らなかったのです。

頭でっかちな当時の私は、思春期についていろいろ調べ、たくさんの子育て本を読み漁りました。

どの本にも正しいと思われることが書いてありました。

しかし、具体的に使えるような方法は少なく、実行できたとしても、どれも対症療法的なものばかり。

あるいは、「たしかに、そこまで冷静に対処できたら、問題はないんだけれど……」というような、上っ面をなぞるような方法しか書いてありませんでした。

だから、当然のごとく、息子との関係性はよくならず、息子が抱える問題もまた大きなものへとなっていきました。

もしも今、再び思春期の男の子を育てなければいけないとしたら……。

ちょっとだけ「ふうー……」とため息をついてしまうかもしれませんが、おそらく思春期の男の子の親であることを楽しめるだろうと思います。

なぜなら、交流分析という心理学や現代催眠、さらにはＮＬＰという心理療法を学ぶことで、思春期の男の子に親がしなくてはいけないことや、思春期ならではの問題への対応の仕方、また、親自身が向き合うべきことをはっきりと知ることができたからです。

実際に私は20年近く、交流分析の理論に加えて現代催眠とＮＬＰの手法を応用したセラピーを提供してきました。

この方法ならば、上っ面ではなく、子どもの心に染み込むような対応をすることができます。

また、それだけではなく、子どもの人生を明るい方向へとシフトできる力もあります。

いわゆる小手先の対症療法ではなく、根源的な対処法だということですね。

今では、思春期のお子さんをもつ、たくさんの親御さんたちにもその方法をお教えし、実行していただくようになりました。

あなたは、もしかすると「えー？　それって、何だか胡散臭いものじゃないの？」などと疑われているかもしれませんね。

ところが、本当にこの方法でたくさんの親御さんとお子さんの関係や人生が好転しているのです。

ここで、ほんの少しだけ、その「喜びの声」をご紹介いたしましょう。

●中2の息子が不登校になり、ずっと悩んできました。夫とも言い合いになることが多く、心身ともに疲れ果てていたと思います。それが先生にお世話になってから半年後の今、気がつけば息子は普通に学校に通い、家庭生活にも平和が戻ってきました。本当に感謝しています（Tさん、39歳）

●息子が自分の部屋を荒らしたり、暴れたりし出したのは中1の秋くらいからでした。1人っ子だったから甘やかしすぎたのかなと夫婦で落ち込んだり、心配したり……。完全に息子におびえていました。でも、今ではちゃんと親としての自信をもって接しています。ありがとうございます！（Hさん、41歳）

●勉強もせずに遊び歩いている姿に、わが息子ながら怒りと情けなさを感じていました。父親なのだからと思い、きつく叱ってばかりいましたが、息子の行動は悪くなる一方でした。先生に教わった方法を試し出したときは半信半疑でしたが、おかげさまで、今では息子は県内のトップ高校で青春をエンジョイしています（Aさん、45歳）

●中1の息子がいじめを受けているのを知ったときは、体が震えるほど怒りを感じましたし、息子の弱さにも腹が立ちました。しかし、「それでは問題は解決しないばかりか、息子さんまで追いつめますよ」という先生の言葉にハッとしました。今でも少し気の弱い

ところのある息子ではありますが、友人にも恵まれ安心しております（Kさん、47歳）

●息子がリストカットらしきことをしていると知ったときはショックで、どうしたらいいかわからず取り乱し、息子を怒鳴りつけてしまいました。それから息子との戦いの毎日が始まりました。でも、先生に「息子さんと戦うのではなく、ご自身と戦ってくださ い」と言われ、私なりに戦ってきたつもりです。おかげさまで、時間はかかりましたが、今では息子とわかり合い、ともに成長できるまでになりました（Oさん、42歳）

●息子の暴言や悪い態度にうんざりし、「ああ、こんなことなら男の子なんて産むんじゃなかった……」などと思ったこともありました。そんな自分に嫌気がさし、ますます親として自信をなくす日々でした。しかし、今では息子とあの当時のことを笑って話し合えるようにまでなりました。本当にありがとうございました！（Wさん、45歳）

ほんの一部しかご紹介できませんが、このようにどの方も事態を好転させているのです。

さて、ここでとても大切なことをお話ししておきたいと思います。

まず認識していただきたいのは、親だって1人の人間であるということです。

ときには、誰よりも愛している息子に対して怒りを感じたり、わかり合えない関係にオロオロしたり、よかれと思ってやったことが裏目に出たり、といった具合に失敗することもたくさんあるものです。

そんなとき、親としての自分を責め、子どもに申し訳なく思うこともあるでしょう。

「なぜ、自分がこんなに苦労しなくてはいけないのか」とうんざりすることもあるでしょう。

それもこれもみな、心から子どもを愛しているからです。

誰よりも子どもを愛し、自分のこと以上に心配しているからこそ、親は心を痛め、ときに夜も眠れないほどおびえたり、憤りを感じたりするのです。

そんな親御さんの気持ちは痛いほどよくわかります。

この本には、心理学と潜在意識に働きかける心理療法を応用した、思春期の男の子への働きかけ方がたくさん書かれています。

しかし、どれもこれも、次の2つのことをしっかりやるための手段にすぎません。

1つは、誰よりも愛していることを息子さんの心にしっかりと伝えること。

そして、もう1つは、息子さんのためにも、親であるあなた自身が幸せになること。

この2つが、息子さんの心や体、人生にはとても大切なことなのです。

「え？　どういうこと？」と思われたかもしれないですね。

おそらく、この本を読み終わる頃には、その意味をわかっていただけると思います。

この本を手にされたあなたが、大切な息子さんとともに温かな人生を手にされることを心よりお祈り申し上げます。

親と子の心理コミュニケーション協会　代表　中野日出美

言葉にできない気持ちをわかってほしい

思春期の男の子が親に求めていること

目次

序章

思春期は、それまでの子育てをやり直す最後のチャンスです

第1章

男の子が反抗的になるのには理由があります——心と体の問題

第2章

男の子の本音はこんな態度や言動に表れます――人間関係の問題

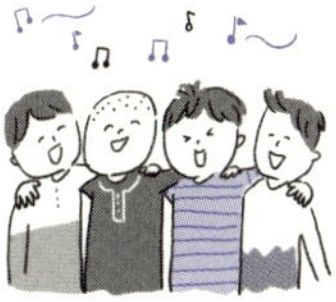

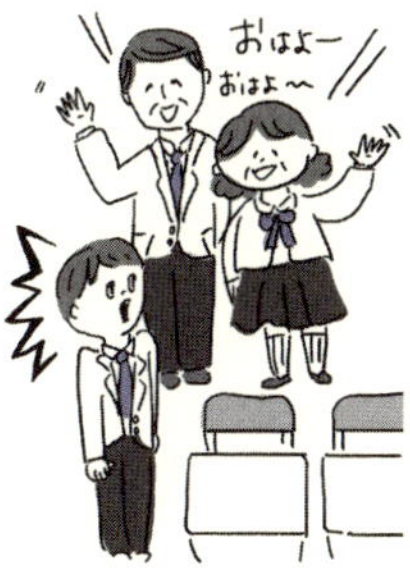

おはよー
おはよ〜

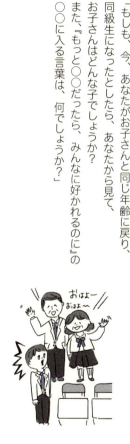

第3章

「なぜ勉強しなくちゃいけないの？」に答えられますか？——勉強の問題

第4章

子どもの「最後の砦」になる覚悟と勇気をもちましょう——親子関係の問題

第5章

不登校も非行も、すべて子どものSOSです――危険行動の問題

終章

思春期の男の子に親が与えるべき5つの力と、してはいけない11のこと

本文デザイン：村崎和寿
本文イラスト：sayasans

序章

思春期は、それまでの子育てをやり直す最後のチャンスです

大人でもない、子どもでもない、微妙な心と体が男の子を不安定にさせます。

また、大人への階段の途中にいる思春期の男の子は、自立と依存のはざまにいます。

とにかく、思春期は子どもも親も葛藤でいっぱい！

まさに男の子の思春期は、親にとっては子育ての最難関です。しかし、この時期こそ、子育てをやり直す最大にして、最後のチャンスでもあるのです。

1 ご存知ですか？ 思春期の男の子の特徴

◆どうして急に反抗的になったの？

つい最近まで、ベタベタとまとわりついてきたかわいい息子が、何だか急に別人のようになってしまった——。

思春期の男の子の不安定な感情や反抗的な態度に、親は戸惑い、混乱するもの。

そこで、まずは思春期の男の子の特徴にはどんなものがあるのか、代表的なものを見ていくことにしましょう。

① 体の急激な変化に心が追いつけない

思春期に入ると、男の子は急激に背が伸び、陰毛やわき毛が生え始め、体毛やヒゲも濃くなり、たくましい体つきになっていきます。

また、喉ぼとけが出てきて声変わりをし、皮脂の分泌が多くなり、ニキビなどができ始めます。

さらに、性器が大きくなり、精通を経験します。

このような変化が起きるのは、小学校の高学年くらいから大量に分泌され始める男性ホルモンの影響です。

その影響は体だけではなく、心にも及びます。

具体的には性格が攻撃的になり、感情が不安定になります。

思春期の男の子の心は日々、成長し変化していく自分の体に追いついていけず、混乱と不安を抱えているのです。

②性への興味と罪悪感に葛藤している

思春期に入ると、女の子に対する興味や性的欲求が高まります。

そして、セックスに対する強い関心や精通、マスターベーションに罪悪感をもつようにもなります。

その意味で、思春期の男の子は、自分をコントロールしながら、こうでありたいという理想の自分像と性的な衝動の間で葛藤していると言えるでしょう。

③大人と子どもの中間、自立と依存のはざまにいる

思春期は、子どもから大人になる準備期間です。

体は急激に大人へと向かうものの、心はその成長に追いつけない、アンバランスな時期でもあります。

まさに大人と子どもの中間である思春期の男の子は、自立を強く求める気持ちとともに、まだまだ親に依存しなければ生きられないという現実とのはざまで、折り合いをつけられずに苦悩しています。

④親と戦い、自分と戦いながら、自分らしさを模索している

無心に親を信じ、頼り、甘えきっていた子ども時代から一転して、親に反抗し、大人や社会に抵抗し、自分さえも認められず、まるで世の中すべてを敵にまわしているかのように見えるのが思春期の男の子です。

彼らは、ときに嫌悪し、ときに憐れみながら、親を1人の人間として見るようになり、

自分自身のこともまた、１人の人間として追求し模索し続けています。

⑤親から分離し、自立の準備を始めている

思春期は男の子と親にとって、分離のとき。

それまでは一心同体だった親子が、それぞれ１人の人間として健全に分離し、自分の人生の手綱を握れるかどうか――。

まさに思春期の最大の課題と言えるでしょう。


以上、思春期の男の子の代表的な特徴を見てきたわけですが、いかがでしょう？

たしかに、どう対応したらいいのか、戸惑ってしまいそうです。

そこで、次の項目では、親としてとるべき基本的なスタンスについて説明していくことにしましょう。

2 思春期の男の子に親がとるべきスタンスは3つある

◆親も子も戸惑ってばかりの毎日

人生最大の葛藤の中にいる思春期の男の子には、とかく問題がつきものです。

まだ心も体も思うようにコントロールできないために感情が不安定で、親に反抗したかと思ったら、甘えたがるそぶりを見せたり、急に口をきかなくなったりと、親のほうも戸惑うことが多くなります。

また、小さな頃とは違い、男の子を取り巻く人間関係も複雑化し、親はすべてを把握しきれなくなります。

それだけではなく、性や勉強の問題、さらには心や体を脅かすようなワナがそこかしこに潜んでいる、非常に繊細かつ危険な時期です。

そして、それらの問題がのちの人生全体へと影響を及ぼす可能性が高いのが、この時期の大きな特徴なのです。

◆親のかかわり方1つで、男の子の未来は大きく変わる！

それまでは素直でかわいかった私の息子が明らかに反抗し始めたのは、小学校の高学年に入った頃のことでした。

日に日に私を見る目つきがけわしくなり、ちょっとしたことで怒り出し、話しかけても何も答えない……。

それだけならまだしも、家庭のルールを守らないこともしばしば。

当時は、「年齢的なこともあるし、あんまりうるさく言ってもなあ……。でも、何も言わないわけにもいかないし……」としょっちゅう考え込んでいたものです。

息子が思春期の頃はあれこれ悩んだものですが、潜在意識を扱う心理セラピストとして、たくさんの親子関係にかかわった今だからこそ、わかることがたくさんあります。

まず言えるのは、思春期の男の子に対する親のかかわり方は、通り一遍のものではいけない、ということです。

つまり、その問題の深さや大きさに応じて、親は子どもへの対応の仕方を変える必要があるのです。

そして最大のポイントは、この時期の親のかかわり方によって、その後の親子の関係性ばかりか、子どもの人生全体も大きく変わる可能性が高い、ということです。

子どもが思春期のときは、まさに親にとっての正念場だというわけですね。

◆わが子に寄りそうとき、向き合うとき、抱きしめるとき

思春期の男の子には、それまでのように、あれやこれやと手出し口出しをするわけにはいきません。

とはいえ、まだまだ子どもなのも事実。

親として教えなければならないことはたくさんあります。

ときには、しっかりと叱る必要もあるでしょう。

しかし、この見守るときや叱るときの見極めは、けっこう難しいものです。

見守ることと放任することは違いますし、叱ることと怒ることも違います。

また、何よりも忘れてはならないのは、見守っているときも、叱っているときも、いえ、どんなときであっても、子どもを心から愛していることを伝えることです。

つまり、子どもの問題や状況に応じて、親は子どもとの適切な距離を見極め、ふさわしいかかわり方をしなければいけないというわけです。

私は、思春期の子どもとは、おもに3つのスタンスでかかわる必要があると思っています。

1つ目は、子どもを温かく見守りながら、そっと「寄りそう」というスタンス。
2つ目は、しっかりと子どもと対峙する、つまり「向き合う」というスタンス。
そして、3つ目が子どもの心をしっかりと「抱きしめる」というスタンスです。

順に説明していくことにしましょう。

まず、「寄りそう」は、今まさに大人になろうともがき、あがいている子どもから心を離さず、子どものチャレンジを温かく見守るということです。

「向き合う」は、ときに子どもの目の前に立ちはだかり、目を合わせ、教えたり、叱ったりしながら、親自身もまた、子どもの問題と向き合うということです。

そして、「抱きしめる」は、理屈抜きで子どもの心や存在そのものをすっぽりと抱きしめてあげるということです。

この本では、思春期の男の子が心と体、人間関係、勉強など、それぞれの領域で抱えがちな問題を取り上げ、その問題の本質や対応の仕方をお話ししています。

その中では、「寄りそう」「向き合う」「抱きしめる」のどれを意識して対応すればいいのかについても、できる範囲で言及してあります。

もちろん、問題によっては、「寄りそう」と「向き合う」の両方が必要というように、柔軟な対応が必要になることもあります。

また、必ずしもすべてのお子さんのケースに当てはまるわけではありませんが、たくさんの問題への対応を知っていただくうちに、わが子ならではの対応がつかめるものと思っています。

いずれにしても、それぞれの項目を「寄りそう」「向き合う」「抱きしめる」のどれに該当するかを念頭に置いて読み進めていただければ、その効果はグンとアップすることでしょう。

3 親が子どもの人生に与える影響はこんなにも大きい

◆人は潜在意識にある人生のシナリオどおりに生きる

交流分析という心理学では、人は幼少時の親とのかかわり方によって、「自分はどのような存在であり、人生をどう生きるか」をすでに心の奥底で決めていると言われています。

それはまるで、映画やドラマのシナリオのように、「このように人とかかわり、このように生き、このように死んでいこう」というところまで書き込まれているので、「人生脚本」と呼ばれています。

「人生脚本」は潜在意識の奥底にあるものなので、基本的には自分の人生のシナリオがどのようなものかを知ることはできません。

しかし、まるで魔法の呪文のように知らず知らずのうちに、私たちはそのシナリオどおりに生きてしまいます。

この「人生脚本」の素となるのは、親から子どもへの言語、非言語のメッセージ、そして、親自身の生き方です。

つまり、子どもは親から受け取ったメッセージと親の生き方を見ながら、自分の「人生脚本」を書き上げていくのです。

「人生脚本」は幼少時代につくり上げられますが、私は長年のセラピー経験から、そのシナリオを使ったリハーサルが行われるのは、思春期の頃だと実感しています。

したがって、思春期でのリハーサルがうまくいけば、人生全体がそのシナリオどおりに進むでしょうし、うまくいかなければシナリオを書き換えることになるかもしれません。

もちろん、幼少時に書き込まれた「人生脚本」が、子どもの人生にとって幸せなものであれば、リハーサルが順調に進むように、親はその手助けをすればいいでしょう。

しかし、もしも「人生脚本」が子どもを不幸な将来へと向かわせるものだと感じたら、思春期でのリハーサルを通して、幸せな結末であるシナリオに書き換える必要が

あります。

つまり、親は子どもが思春期のうちならば、まだ子どもの「人生脚本」をよりよく書き換えるお手伝いができるということなのです。

◆まだまだ勝負はこれから！

思春期は子どもの人生にとって、とても大切な時期だということをおわかりいただけたでしょうか。

見方を変えると、子どもの思春期は親にとって、後悔や罪悪感を残していた子育てのやり直しができる時期でもあります。

拙著『男の子の育て方――子どもの潜在意識にこっそり〝成功の種〟をまく方法』（大和出版）では、主に思春期までの子どもの潜在意識に向けた親のかかわり方についてお話しさせていただきました。

実際、思春期までの子育ては、子どもの「人生脚本」をつくり上げてしまう、とても大切な時期です。

では、その時期をすぎ、思春期になってしまったら、もうすでにとき遅しなのか？

もちろん、そんなことはありません。

前述したとおり、私は３０００件以上の親子関係のセラピーから、思春期の子どもとのかかわり方は、子どもの「人生脚本」を書き換えるほどの影響力をもつものであると思っています。

だから思春期のお子さんがいるお父さん、お母さん、ぜひとも悔いのないように、しっかりとお子さんにかかわってあげてください。

ちなみに、思春期の子どもとのかかわり方で最も大切なことは、とってつけたような上っ面のかかわり方ではなく、子どもの心の奥深くにまで働きかけることです。

親がいくら子どもの心に寄りそい、向き合い、抱きしめているつもりであっても、それが子どもに伝わっていなければ意味はありません。

この本では、子どもの心にしっかりと寄りそい、真剣に向き合い、子どもの存在自体をすっぽりと抱きしめる方法をお話ししています。

きちんと実践していただければ、必ずあなたの思いはお子さんに伝わりますので、どうぞご安心ください。

◆親と子は合わせ鏡のようなもの

子どもの幸せを願わない親はいないでしょうし、親ならば自分のこと以上に子どもを心配し、子どものためならば何でもしてあげたいと思うことでしょう。

今でこそ、大人同士の平和で穏やかな関係性を築けている息子と私ですが、思春期の息子と私の関係性は最悪でした。

小学校の高学年くらいから、息子は激しい反抗期に突入しました。

それまで素直でおとなしかった息子が、まるで私を敵だと見なしているかのような態度をとり始めたのです。

親としてどうしていいのかわからず、右往左往していたのを覚えています。

もちろん、息子が思春期に入り、私に対して頭にくる態度ばかりとっていたときでも、私の息子を愛する気持ちは何ら変わらず、本人の心や体、人生を心配し続けていました。

しかし、なかなか息子との関係性はよくならず、息子が抱える問題にも上手に対処できずにいました。

それでも、必死で息子との距離を縮めようとしていく中で、子どもの心に寄りそう必要性がわかるようになってからは、徐々に関係性も和らぎ始めました。

しかし、それだけでは、本当の意味で息子の「人生脚本」を書き換えることはできませんでした。

息子はすでに幼少時代から、親である私の影響を受けて、自己肯定感の低さから起きる、さまざまな問題に悩んでいました。

そして、それは勉強や人間関係などにも影響を及ぼしていたのです。

当時の私は、息子の力になりたいと思いつつも、息子の心に寄りそうこと以外は何をしたらいいのかわからず、何もしてやれない自分をふがいなく思う日々でした。

そこからさらに心理学や潜在意識のことを学び、たくさんのセラピーを提供していくうちに、ようやく私は気づいたのです。

親と子どもは、まるで合わせ鏡のようなものであり、親の心の傷は、何らかの形となって、子どもの問題として浮き彫りになるということに――。

親である私自身が癒されておらず、心の奥深くに傷を抱えたままでは、息子の「人生脚本」を変えることまではとうていできないと思った私は、そこから積極的に自分の心の傷と向き合うようにしました。

具体的には、イメージの中で、潜在意識にいる子ども時代の「小さな自分（インナーチャイルド）」との対話をしました。

これは、私のセラピーの中では「インナーチャイルド療法」と呼んでいるものです。

私にとっては正直、しんどく、つらいものでした。

当時はイメージの中の「小さな自分（インナーチャイルド）」に会うたびに泣いていましたが、このセラピーにより私の心の傷は徐々に癒されていきました。

するとどうでしょう。

まずは私自身の子どもたちへの気持ちや態度が明らかに変化し始めました。

次に、傷ついていた自分に気づき、認め、癒すようにしているうちに、私自身の人生が大きく好転し始めました。

そして、それと同時に、息子のさまざまな問題もまた好転していったのです。

この成功体験で自信をもった私は、それからは積極的に、お子さんの問題を抱えているクライアントさんに対して、その問題への対処法をご提案するのと同時に、ご自身の心の傷に気づき、癒すこともしていただくようになりました。

すると、クライアントさんの人生が変わっただけではなく、お子さんの問題も解決していったのです。

一見、子どもの抱えている問題とは何の関係もないように思える親の心の傷ですが、じつは密接に関係しています。

したがって、この本では、お子さんが抱える問題への対応の仕方だけではなく、あなたの心の傷を癒すページもご用意しました。

ぜひ、愛する息子さんのためにも、あなた自身がご自分の心の深い部分と向き合い、癒されていただきたいと思います。

4

思春期の男の子が抱えがちな問題は5つの領域に分けられる

さあ、準備はよろしいですか?

この本は、まず思春期の男の子が抱えがちな問題を5つの領域に分け、それぞれを第1章から第5章までにまとめています。

さらに終章では、親が子どもに与えるべき5つの力と、親がしてはいけない11のことについて説明させていただきました。

第1章　心と体の問題
第2章　人間関係の問題
第3章　勉強の問題
第4章　親子関係の問題

第5章　危険行動の問題
終　章　親が思春期の男の子に与えるべき5つの力と、してはいけない11のこと

第1章では、激動する思春期の男の子の心と体の問題について。

第2章では、現代のいじめや思春期の男の子を取り巻く人間関係について。

第3章では、男の子の人生に直結する勉強にまつわるさまざまな問題について。

そして第4章では、最も頭を悩ませる日常の親子関係について言及しています。

第5章では、親が必ず押さえておくべき、思春期の男の子特有の危険行動への警鐘とその対策についてまとめてあります。

それぞれの章では、子どもが陥りがちな7つの問題について個別に取り上げ、思春期の男の子が潜在意識レベルで望んでいることや、男の子にとって必要なかかわり方について、さらに親の対応の仕方について説明させていただきました。

また、各章の最後には、親であるあなたへのメッセージや、あなたの心の傷を癒すワーク、そしてあなたの潜在意識に働きかける〝もしもの質問〟をご用意しました。

この〝もしもの質問〟は、質問に答えようとするだけで、あなたの潜在意識を刺激し、

知らず知らずのうちに、息子さんをさまざまな問題から遠ざけ、より成功の人生へと導くものです。

ぜひ、お1人で、またはご夫婦で、ときには息子さんもご一緒に、ユーモアも交えながら楽しんで質問に答えていただければ、より大きな効果が期待できます。

さらに終章では、思春期のうちに男の子にぜひとも与えておきたい5つの力と、親がけっしてしてはいけない11のことについてお話ししています。

この本には、私が思春期の息子の子育てをしていたときには、なかなか気づけなかったことや、一般の子育て本には書かれていないことも、できるだけ盛り込みました。

この本のどの章かが、またはどの項目かが、いいえ、どこかの1行が、あなたの心に響き、男の子の人生が輝くきっかけとなってくれることを願ってやみません。

第1章

男の子が反抗的になるのには理由があります

——心と体の問題

とかく男の子は「強さ」や「優秀さ」を求められがち。
でも、反抗的な態度とは裏腹に、思春期の
男の子の心はまるでガラス細工のように繊細です。
いくらお金や地位を手に入れても、
真の意味での成功とは言えません。男の子が将来、
心も体も健やかで、幸せな人生を手に入れるために、
今だからこそ気をつけてあげられることがあります。

1 体の急激な変化に戸惑っている

「この前ね、息子に呼ばれて振り返ったら、『え？　誰？』っていうくらい大きな男が突っ立っていて、びっくりしたのよ」

思春期真っ盛りのコウジ君（中2）の体は、日に日に大きくなっている感じです。

思春期の男の子の身体的な成長はすさまじいものがあります。

その原因は男性ホルモンの代表格、テストステロンが急激に分泌されるようになるからです。

たとえば、このテストステロンによって声変わりが始まり、ヒゲが濃くなり、陰毛やわき毛が生え始めるというわけです。

「ママ！　ママ！」と言って、くっついてきた、あのかわいい男の子が、日に日にゴツくなってくるのですから、母親としては、何とも複雑な気持ちになることでしょう。

しかし、自分の体の急激な変化に戸惑い、混乱しているのは子ども自身。次々と変化していく自分自身に適応するのは大変なことです。

また、テストステロンは強烈な性衝動を駆り立てます。

さらに感情にも大きな影響を与えるため、何かとイライラしたり、攻撃的になる傾向があります。

かくして周囲の大人は、思春期の男の子の不安定な感情に振り回されがちになりますが、表面上の荒々しさとは裏腹に、心はまるでガラス細工のように傷つきやすく、繊細です。

だから、けっして無神経に体の変化をからかったりしてはいけません。

思春期の男の子の潜在意識に、「自分の体の成長は恥ずかしいことである」という思いを植えつけないように、そっと見守ってあげましょう。

2 生活が不規則で乱れがち

「もう、嫌になっちゃうわ。あの子ったら夜更かしで朝寝坊して遅刻ばっかり。いつまでもお風呂に入らないし、晩ご飯に呼んでもいっこうに来ないし」

タツヤ君（中2）の生活は日に日に不規則になり、いつしかお風呂も晩ご飯も家族とは別の時間帯になってきています。

幼かった頃とは違い、思春期ともなると、男の子は親に縛られることを嫌うようになります。

実際には束縛ではなく、教育的助言であったとしても、大人へと脱皮中の思春期の男の子にとっては、親の言うことに反発することが正義なのかもしれません。

帰宅が遅くなったり、何回言ってもお風呂に入らなかったり、真夜中まで起きていて、朝起きられなかったり、そのあげく遅刻したり……。

こんな感じで芋づる式に生活が不規則になりがちです。

もう小さな子どもではないので、ある程度は放っておくしかありません。

しかし、押さえておくべきことはしっかりと押さえておくことも必要です。

まず、門限は家庭のルールとして決めたほうがいいでしょう。

お風呂に入らなくても、困るのは本人ですから、放っておいてもかまいません。

また、遅刻して困るのは本人です。

したがって、朝も起こす必要はありません。

ただし、朝ご飯を食べることと、晩ご飯の時間はちゃんと守るようにさせましょう。

朝ご飯を食べる習慣は、健康と1日の始まりとしてのけじめになります。

また、できるだけ晩ご飯は家族で食べてください。

たとえ子どもがムスッとふてくされた態度で、無言で食べているとしても、親はいつもどおり語り合いながら、リラックスして楽しく食事するようにしてください。

雰囲気だけでもかまいません。

それだけで子どもの潜在意識には、「安心して帰る場所がある」「自分の居場所がある」というメッセージになります。

家族で一緒にご飯を食べるということは、子どもの心や体、自己肯定感を育むうえでとても大切です。

私自身、これまでたくさんの方々のセラピーをしてきた中で、子ども時代にいつも家族で温かい食卓を囲んでいた人は、生活全般に対してセルフコントロールができる人が多いということを実感しています。

おそらく毎日の食卓を家族で囲むという習慣そのものが、自然と1日のリズムをつくっていたのでしょう。

また、家族との会話やつながりを通じ、安らぎを得ていたと考えられます。

逆に両親が忙しく、いつも1人、もしくは兄弟姉妹だけで食事をすることが多かった人は、生活、仕事などでセルフコントロールをすることが難しくなるようです。

いずれにしても、大人になってから深酒、夜更かしなど、悪習慣を手放せない人の潜在意識には、「できるだけ楽なほうがいい」「面倒なことは考えないようにしよう」というような思いが隠れています。

これらはやはり、幼少時代から思春期までの間にしっかりとセルフコントロールする習慣が身についていないためです。

そのような観点からも、もう1つ、日常生活でしっかり守らせたいルールは、「睡眠時間の確保」です。

思春期の子どもは、少なくとも1日7～10時間の睡眠が必要です。

睡眠不足になると、体の発育に影響を及ぼすだけではなく、気分が落ち込んだり、集中力が欠けたりと、心にも悪い影響が出てきます。

子どもには、睡眠不足になると、体にどんなことが起きるのかを話し、しっかり睡眠をとるようにさせましょう。

扱いづらい年齢だからといって、子どもの基本的生活リズムを放任しておくと、大人になってからも、だらしない生活をするようになってしまいます。

結果として毎日が時間に追われる生活になり、やりたいのにできない、やりたくないのにやってしまう、といった具合にセルフコントロールのきかない人生を送るようになる可能性が高まります。

まずは、思春期といえども、「これだけは守りなさい」というルールを親が設定することが大切です。

そして、それ以外はある程度自由にさせてあげるといいでしょう。

③ 性について正しい知識をもっていない

「何だか最近、カノジョができたみたいなのよ。帰宅するのも遅いし、夜中に深刻そうに電話で話していると心配で……」

高1のシュウゾウ君は、初めてできたカノジョに夢中です。交際が性行為に進んだとしても、結婚して責任をとればいいと考えています。

急激に体が変化していく思春期の男の子にとって、性の問題はけっして避けては通れないもの。

ところが日本の学校での性教育は、世界レベルでは大いに後れをとっています。

となると、必然的に性の問題は家庭でしっかりとフォローせざるを得ません。

しかし、よく考えてみれば、私たち親だって、学校や、ましてや自分の親からちゃんとした性教育を受けたかと言われたら微妙ですよね。

まだ女の子の場合は、同性である母親が、体の仕組みや生理、セックスや性感染症、性被害について教えていくことができます。

それにくらべて男の子の場合は、ほぼ置き去り状態で、正しい知識をもたないまま、思春期に突入しているケースがとても多いのが現状でしょう。

性器や体毛の発育、精通、性衝動などに戸惑い、「自分は異常ではないか」と不安やコンプレックスを抱えている……。

そんな男の子たちが頼りにしてしまうのが「ネット情報」です。

しかし、ネットの情報には、往々にして間違っているものや過激なもの、歪んだ性行動を推奨しているものが氾濫しています。

それでは本来、体を使った最たる愛情表現であるセックスの本質を、はき違えてしまうかもしれません。

現代では、ネットやアニメの世界の女の子にしか興味をもてなくなり、実世界の大人の女性とは怖くてつき合えない男性が増えています。

また、母親の過保護や過干渉、愛情過多で育った男性は、精神的、肉体的に大人の男になれず、恋人にも母親の役割を求めるようになります。

その一方、母親から虐待、育児放棄された場合も、女性に対して不信感や憎しみを募らせ、歪んだ性衝動をもつこともあります。

どちらの場合にも、男の子の潜在意識に、「女性は男性にとって対等な愛の対象ではなく、男性本位の欲求を満たすためのもの」という思いを植えつける危険性があります。

そのような意味でも、思春期の男の子と母親との関係性は大切ですし、父親と母親の関係性もまた大きな影響を及ぼします。

思春期の男の子に、対等な男女関係や正しい性の知識をもたせることは、とても大切です。

できれば、思春期の男の子の性教育は、父親に任せたいものです。

「お父さんのときはさ……」「お父さんもお前くらいのときには悩んでたよ」などと、自分の体験をさりげなく語りながら、教えてあげるといいでしょう。

もしも、父親があてにできない場合は、信頼できる身近な大人の男性に頼むのでもいいですし、そんな人はいないというときには、男の子の性について書かれた良書を探し、「あなたも中学生だから、そろそろちゃんと勉強しなさい」と言って渡すのも1つの方法です。

たしかに細かな性事情について母親が説明するのは大変ですし、男の子も嫌がるでしょう。

でも、女性としての立場から、恋愛やセックスについて正直に話すのは、とてもいいことです。

「男と女は体も違うし、セックスに対しても考え方がちょっと違うのよねえ」などと、ニュースの事件報道などを見ているときなどに、さりげなく話してみてはどうでしょうか。

なお、現代では13人に1人がＬＧＢＴ（レズビアン・ゲイ・バイセクシャル・トランスジェンダーの頭文字をとった総称）だというデータが出ています。

実際に、私のクライアントさんの中にも、子どもの頃から生きにくさを抱えていたＬＧＢＴの方が少なくありません。

そんな方々が最も悩み、苦しむ時期は思春期です。

もしも、お子さんが「ＬＧＢＴかも？」と思われたら、けっして問いつめたり、怒ったりせず、温かく見守ってあげましょう。

万が一、カミングアウトしてきた場合には、否定したり、無理に治そうとしたりせず、「そうか。いろいろつらかっただろうね」と、受け入れてあげてください。

目の前にいるのは、あなたの最愛のかわいい子ども以外の何者でもないのです。

4 感情の起伏がとても激しい

「ちょっとしたことで、すぐにキレるんですよ。かと思いきや、ものすごく落ち込んだりして……」

中1のミキヤス君のお母さんは、息子の感情に振り回されているようです。

先にお話ししたとおり、思春期の男の子は男性ホルモンのせいで、感情の起伏が激しくなります。

とかく攻撃的で、すぐにイラついたりしたかと思えば、小さなことで落ち込んだり……。

親はすぐにキレる子どもに対して、「ちょっと！　その態度は何？　本当にワガママなんだから！」などと、これまたすぐにキレてしまいがちです。

交流分析という心理学では、「人間の本物の感情は4種類ある」と言われています。

それは、怒り、悲しみ、おびえ、喜びの４つです。

基本的にこの４つの感情は、すべて正しい感情であり、感じて当たり前。むしろ感じたほうがいい感情です。

「え？　怒りも悲しみも？　さらにはおびえも？」と思われるかもしれませんね。

はい、怒りも、悲しみも、おびえも、みんな正しい感情です。

たとえば、自分や自分の大切な存在が傷つけられたら、怒りを感じて当たり前。怒りは、自分や大切なものを守るために必要な感情です。

また、大切な人やものを喪失したら、悲しくて当たり前。

そんなときに、十分に悲しめることが、喪失を乗り越える力になります。

また、たとえば人生がかかっている大事な試験の前は、不安になり、おびえますよね。

おびえるからこそ、危険や失敗に備えて準備ができるのです。

そして、喜びを感じるからこそ、人は幸せでいられます。

このように４つの感情はどれも正しく、必要なものです。

ただし、そんなに攻撃されたり、傷つけられているわけでもないのに、ちょっとしたことですぐにキレたり、イライラするのは、正当な怒りとは言えません。

たとえば、大人になってから怒りをコントロールできない人の潜在意識には、「わかってもらえない」という悲しみや、「弱いと傷つけられる」というおびえが隠れているのかもしれません。

この場合は、悲しみやおびえが本物の感情であり、怒りはニセの感情です。

怖いのは、このニセの感情は、親との関係性の中で形成されていくものだということ。

たとえば、「男の子のくせにメソメソするんじゃない!」などと日常的に叱られていると、本当は悲しむべきときに、怒るようになるといった具合ですね。

大切なのは、日頃から、子どもの本物の感情をありのまま受けとめることです。「腹が立つよね」「つらいよね」「心配だよね」「嬉しいね」などと、言葉や表情で共感を示してあげてください。

すると、だんだん子どもは素直に本物の感情を出せるようになり、ニセの感情で本当の気持ちをごまかす必要がなくなってきます。

また、感情について子どもに教えなければならないことは、たとえば怒りを感じたときに、それをどう表現し、どうコントロールするかということです。

そしてその際には、まずは親が自ら表現してみせることです。親自身が素直に感じたり、表現したりするのが苦手だと、子どもの素直な感情表現を抑圧してしまうことにもなりかねません。

ぜひ、あなた自身も**「本物の感情を感じてもいいんだ」**という許可を自分に出してあげてください。そして、できるだけ日頃から、子どもと正直な気持ちを出しながら話し合うことを心がけましょう。

とはいえ、思春期に入った男の子が、そうそう親と和気あいあいと会話してくれるとも思えません。

それでも、思春期は大人と子どもの中間期。まさに自立と依存の中間にいるわけです。イライラしたりすることは多くても、じつは親と語り合いたいときもあるものです。

そんな雰囲気を見逃さず、**「今日ね、会社で課長にダメ出しされてね。もう嫌になっちゃった」**などと、問わず語りに、自分のことをさりげなく話してみてください。

案外、「そいつもきっと寂しい奴なんだよ」などと、親を励まそうとしてくれるかもしれません。

5 完璧主義のあまり、何ごとにも頑張りすぎてしまう

「うちの子は本当に真面目なだけが取り柄で。だから勉強もしっかりやるし、塾も部活も休まないし、習いごともやめません」

カズヒロ君（中3）は土日も部活や塾、そして勉強をきっちりやります。

塾の宿題ができないときは、夜中までやってから寝ます。

よその親御さんから見たら、うらやましいような息子さんです。

しかし、本当にこれで大丈夫でしょうか？

水を差すようですが、大人だってこんなに完璧に頑張り続けられるものではありません。

毎日、フルタイムで働いて、家に帰ったら家事に育児、土日は家にもち帰った残業に家族サービス……。

とても続かないですよね。

実際、こんな頑張り屋さんこそが、どこかで燃え尽きてしまい、バタッと倒れたり、何をやっても楽しくない、幸せを感じられないといった、うつ状態になりやすいのです。

ちなみに、このように絵に描いたような頑張り屋さんの親もまた、頑張り屋さんであるケースが多いようです。

そして、このような頑張り屋さんの子どもの潜在意識には、「ありのままの自分では認められない」「上を目指して頑張り続けることが何より大事」という思いがあります。

親があまりにも理想を求める完璧主義者だったり、何でもできる人だったりすると、知らず知らずのうちに子どもにもそれを期待している可能性があります。

口では「そんなに無理しないでいいのに」と言いつつ、「人よりもどれだけ努力できたかが大切なのよね」と、頑張って当たり前だと匂わせてしまうのです。

遊びたくない子どもなんていませんし、楽しいことが嫌いな子どももいません。

もしも、お子さんがどちらかと言えば完璧主義かな、と感じたら、気を抜くことを教えてあげてください。

ときには親子そろって、ダラッとすごす時間や、お笑い番組を見たりして心から笑える時間をもつことも大切です。

6 何だか最近、元気がない

「タダシったら、最近、何をやるにしても力が入らないというか、学校も塾も部活も嫌々という感じだし、友人と出かけることもほとんどなく、家で寝転がっているか、ゲームをしているかだし……。活気がないのよねえ」

高1のタダシ君のお母さんは、最近、元気がない息子の様子に違和感を覚えています。

思春期の男の子が自室にこもったり、以前のように無邪気にはしゃいだりしないのは当たり前のことです。

しかし、食欲がない、不眠、逆に眠りすぎている、表情が乏しい、友人とのメールや電話のやりとりが少なくなっている、ちょっとしたことで過剰に泣いたり怒ったりする、などの変化が見られたら、少し気をつける必要があります。

もしかすると、うつ状態になっている可能性があるからです。

とくに思春期のうつ病の場合は、「過剰なイライラ」「不機嫌」などが、ただの子どものワガママだと捉えられることも多く、気づくのが遅くなりがちです。

うつ病にかかっている（あるいは、なりかかっている）思春期の男の子の潜在意識には、「楽しんではいけない」「休んでいる自分はダメだ」「ダメな自分なら、いないほうがいいかも」という思いがあります。

おかしいなと感じたら、できるだけ早く専門医に相談することをおすすめします。

また、子どもは心の中でちゃんとできない自分を責めているかもしれません。

だから、絶対に「頑張って」「なぜこうなったの？」などとは言わないでください。

心配になる気持ちはわかりますが、エネルギーが枯渇した状態の子どもに、ひっそりと温かいエネルギーを充電してやるようなつもりで見守ることが大切です。

そして、子どもが自室から出てきたときは、ぜひリビングでゆったりできるような雰囲気をつくってあげてください。

それだけでも、子どもにとっては少なからず救いになるはずです。

7 自己肯定感が低い

「うちの子ったら、『どうせオレなんて』とか『オレにはできないよ』なんて、情けないことばかり言って……」

カズヒロ君（中3）は、どうもすぐに人と比べる癖があるようです。

そして、ダメな自分を感じて、何ごともすぐあきらめてしまいます。

人が心身ともに健やかに生活し、幸せな人生を送るために不可欠なのが「自己肯定感」です。

自己肯定感とは、「自分は人から愛され、かつ愛せる人間であり、ただ生きているだけで価値がある存在だ」という自分に対する信頼感のこと。

自己肯定感が高い人は、自分も他人も信用できるので、良好な人間関係を築きやすく、社会で成功しやすくなります。

反対に、自己肯定感が低いと、自分も他人も信用できないので、人間関係や仕事などで失敗することが多くなります。

また、自分を大切にすることができないために、心や体に問題を抱えることにもなりがちです。

さらに潜在意識の中には、「自分なんて価値がない」「生まれてこないほうがよかった」という思いがあるので、知らず知らずのうちに事故やケガ、病気になりやすい行動を選択します。

セラピーをしていて驚くのは、自己肯定感が低いクライアントさんの多くが、人生で何度も「消えてしまいたい」と思った経験があるということです。

自傷行為や摂食障害なども、自己肯定感の低さと大いに関係があります。

もしかすると、自分を痛めつけることで少しずつ消えていこうとする「緩やかな自殺行為」なのかもしれません。

それだけではなく、自己肯定感が低い人は、「自分など大した存在ではない」と感じているので、他人が自分を傷つけることまで許してしまいます。

いじめやＤＶを受けやすいことも、その表れなのかもしれません。

自己肯定感は、基本的には子どもが小さな頃からの親との関係性の中で育まれます。

もし、あなたのお子さんの自己肯定感が低かった場合、「え？　あんなにかわいがって育てたのに？」と思われるかもしれません。

でも、たとえば子どもが赤ん坊の頃、抱きぐせがつくと自立できない子になると思い、泣いても抱いてあげなかったとします。

赤ん坊には、親のよかれと思う気持ちなど理解できません。赤ん坊が感じるのは、「こんなに泣き叫んでも、自分は放っておかれる存在なのだ」ということです。

虐待や体罰、育児放棄などが子どもの自己肯定感を下げるのは当たり前ですが、このように親がよかれと思ってやっていたことでも自己肯定感を下げてしまうのですから、子育ては本当に難しいものです。

「でも、今さら息子を抱っこなんてしてやれないし……」とも思われたことでしょう。

たしかに、抱っこすることは難しいと思います。

でも、そっと肩に触れるとか、場合によっては手を握るとかはできます。

また、実際にスキンシップをしなくても、子どもの心に寄りそい、心をギュッと抱きしめてあげることができたら、それは十分に自己肯定感を上げる効果があります。

心を抱きしめるとは、子どもの気持ちをわかろうとし、子どものつらさやしんどさ、心の叫びを聞きとろうとすることです。

そして、言葉や態度で、「あなたを心から愛している」という思いを伝えることです。

「どうせオレなんて」

「生まれてこないほうがよかった」

そんな言葉を息子さんがつぶやいたら……。

「お父さんとお母さんにとっては、あなたは命よりも大切な存在だよ」

「あなたが生まれてくれたから、お父さんとお母さんは本当に幸せだよ。ただ、健康に生きていてくれるだけで、ありがたいんだよ。

生まれてきてくれて、本当にありがとう」

そんな言葉を心から伝えてください。

そして、できることなら体か手もギュッと抱きしめてあげてください。

それが、結果としてあなたの息子さんの自己肯定感を高めることにつながるのです。

親であるあなたへのメッセージ

親と子どもは、まるで心と体のようにつながっています。

心が傷ついていると体も弱りますし、体が弱っていると心も弱ります。

同じように、親の心が傷ついたままだと、子どもの心も傷つき、何らかの問題を抱えてしまうことに……。

ここでは、思春期の男の子の親としての心がまえや、親であるあなた自身の問題についてお話しさせていただきます。

◆将来、自分の心と体を大切にできる男性にするために

昔ほどではありませんが、今でも男の子は社会的に大きな期待をかけられ、家庭でも大きな責任を負わされる傾向があります。

そのためか、まだまだ「男の子は強くなければならない」という社会的な思い込みが根

強く残っており、親もつい「男の子でしょ」「男の子なんだから」と知らず知らずのうちに男の子に強くあることを強要してしまいがちです。

その結果、大人になってからも頑張りすぎたり、責任を感じすぎたりするようになります。中には、ちょっとでもつまずくと、絶望し生きる意欲をなくす人までいるほどです。

実際、日本の男性の自殺率は女性と比べて圧倒的に高くなっていますし、努力の果てに成功を手に入れても、燃え尽きてしまい、喜びや幸せを感じられず、うつ病になってしまう人も多くいます。

逆に、親に甘やかされすぎて、責任感がもてず、いつまでたっても精神的、経済的に自立できない男性も最近では多く見られます。

過剰に厳しすぎてもダメ、甘すぎてもダメ。

子育ては本当に難しいものです。

しっかりと自分の人生に責任をもちながらも、自分の心と体を大切にできる男性にするためには、自己肯定感を育む必要があります。

そして、そのためにも、まずは親であるあなた自身が自己肯定感を高くもっていなければならないのです。

◆親が子ども時代に受けた心の傷を癒す

以前、私は長い間、親と子どものセラピーをしてきた経験を評価され、多くの親子の関係性を分析する機会をいただきました。

その結果わかったのは、子どもが抱える問題の多くは、じつは親が子ども時代に受けた心の傷と関係している可能性がとても高い、ということです。

翔君（高2）は小さい頃からナイーブな性格で、高校に入学してからは朝になると腹痛を訴え、学校を休みがちになりました。病院では過敏性腸症候群と診断されました。

翔君のお母さんには3歳年上のお姉さんがいます。お姉さんはとても優秀でしたが、体が弱く、ご両親はまるでお姫さまのようにお姉さんのことを扱っていました。

健康な翔君のお母さんは、そんなお姉さんのことをうらやましく感じていたようです。

「手のかからない自分は損をしているような気持ちだった」と言っています。

だから、自分の子どもである翔君には、そんな思いをさせまいと、とても大切に、でも、ちょっとばかり過保護に育ててしまったようです。

私は、翔君のお母さんに子ども時代の自分をイメージしてもらいました。

そして、心の中で、親にかまってもらえず、いつも寂しい思いをしていた「小さな自分」に、「寂しかったよね。本当はもっと甘えたかったのにね。ずっと我慢ばかりしていたね」と言って、抱きしめてもらうようにしたのです。

するとどうでしょう。自然と翔君の症状は消えていったのです。

嘘のような話ですが、親の心が癒されると、子どもの問題は改善していくということなのです。

もしも、お子さんが心や体に何らかの問題を抱えていたら、目を閉じて、あなた自身の体に意識を向けてください。

あなたの体の中で弱いところはどこでしょうか？

肩こりや腰痛、頭痛、喉の痛み、湿疹などはありませんか？

体の中で弱い部分に意識を集中し、その部分がお話しできたとしたら、何と言うか考えてみてください。

もしかすると、偏頭痛さんが「もう、毎日、頭を悩ませるようなことばかり！」と言うかもしれませんし、腰痛さんが「たまにはゆっくり休ませてよ！」などと言うかもしれませんね。

次に、あなたがストレスを感じたときに出てくる気持ちはどんなものでしょう？　怒り？　悲しみ？　不安？　焦り？　孤独感？　無力感？

その気持ちを強く感じていた子ども時代の自分を思い出してみましょう。

そして、その子の顔をイメージし、どんな表情なのかをよく見てあげたうえで、その子の本当の気持ちを感じてください。

もしも、寂しがっていたり、悲しんでいたりしていたら、そっとイメージの中で抱きしめて、「ずっと放っておいてごめんね。あなたは、ただ生きているだけで素晴らしい存在だよ。どうもありがとう」と、「小さな自分」に言ってあげてください。

そのうえで、あなたの心と体全部に心からお礼を言ってあげましょう。

「いつもどうもありがとう。本当によく頑張っているね。たまには休んでゆっくりしようね。これからは、もっとあなたを大切にするね」と。

それが、あなたの心と体を癒す最高の方法なのです。

子どもの心と体を守る〝もしもの質問〟

〝もしもの質問〟は、ただ答えようとするだけで、親である、あなたの潜在意識を刺激し、お子さんの心と体を守るための力をアップさせます。

「もしも、今、お子さんが
1日だけ3歳に戻ったら、
何をしてあげたいですか？
また、今の年齢に戻ったときに
一言だけメッセージを
あげられるとしたら、
なんと言いたいですか？」

いかがでしょうか?

「ギュッと抱きしめてスリスリしたい」「1日中、思う存分遊んでやりたい」「写真を撮りまくりたい」などなど、思いはふくらみますね。

また、一言メッセージは、「ずっと大好きだよ」「生まれてくれて、どうもありがとう!」「生きていてくれるだけで、お母さんは幸せだよ」など、伝えたい言葉があふれそうですね。

「あーあ、本当にあの頃に戻れたらな」と、考えてしまうこともあるかもしれません。

でも、じつは、今からでも遅くないのです。

たしかに3歳の頃のように、素直に一緒にすごしてくれることはないかもしれません。

しかし、想像してみてください。

きっとお子さんが30歳になったとき、「あーあ、あの思春期の頃にこんな言葉をかけてやっておけばよかったな」と思うのではないでしょうか?

それを想像して、今、恥ずかしがらずに、ぜひ、心からの言葉をかけてあげてください。

たとえ、息子さんから煙たがられようと、バカにされようと、案外、しっかり心には残っているものです。

その一言が、自己肯定感を育む力になります。

第2章

男の子の本音はこんな態度や言動に表れます

——人間関係の問題

人の悩みの9割は人間関係にあると言われています。しかし、思春期の男の子は、小さな頃のようには悩みや問題を親に相談してくれません。人間関係の悩みは深く潜行し、男の子の心や人生を傷つけます。子どもを守るためにも、ぜひ「内なる叫び」に気づいてあげてください。

1 友人関係がうまくいっていない

「また仲間外れにされているみたい。いじめとまではいかないんだけど、何だかいつも浮いてしまうっていうか……」

ヒロト君（中1）は、小学生のときから、どうも友人関係がうまくいきません。

この場合、まず考えなくてはいけないのが、子どもの性格です。

親はわが子に対してはどうしてもひいき目になり、なかなか客観的に見られないもの。しかし、それこそが、子どもが友だちから敬遠される原因かもしれません。

「うーん、ちょっと思いやりがないかな」「おとなしすぎるから、友だちは面白くないかも」など、ちょっとだけ辛口目線でわが子を見てみましょう。

もしも気づいた点があれば、テレビ番組やニュースを一緒に見ているときなどに、さりげなく、「こんなに自分勝手じゃあ、友だちに嫌われちゃうよね」「ときには自分が損をしてでも、友だちの立場を優先することって、格好いいよね」などと伝えてみるのも一案です。

また、「うちの子って、ちょっと空気が読めないところがあるから……」という場合は、発達障害の可能性があるかもしれません。

心配な場合は、専門機関に相談してみるといいでしょう。

ただし、発達障害は病気ではなく、あくまでもその子のパーソナリティーの問題です。

したがって、いたずらに他の子と同じようにさせようとするのではなく、子どもの個性を活かせる教育をできるだけ早く受けさせることが肝心です。

親も専門書を読むなどして勉強し、子どもにとってできるだけいい選択肢をたくさんもつようにしてください。

なお、コミュニケーションについては、子どもとの会話の中でさりげなく「話題を変えるときには、『ところで話は変わるけどさ』と言ってから話すといいよ」などと促すといいでしょう。

そうしたアドバイスを受ける中で、徐々に「空気が読めない」という状態から抜け出せるようになるかもしれません。

2 友だち、先輩、先生の悪口を頻繁に言う

「ヨシフミの友だちったら、意地悪な子ばかりみたい。あの子がかわいそうだわ」

小6のヨシフミ君は、お母さんに友だちの悪口をよく言います。

母親と仲がいい男の子の場合、周囲の人の悪口を言うこともあるでしょう。

ただし、それがあまりにも頻繁であると、少し考えものです。もしかすると、友だちや先輩、場合によっては先生からも敬遠されている可能性があります。

ふだんから他人の悪口を言うのが癖になっていると、気をつけているつもりでも、自然とそれが相手にも伝わってしまい、よけいに人間関係が悪くなります。

一般的に他人の悪口や批判が多い人の潜在意識には、「自分は損ばかりしている」「人は信用できない」「人は自分の大切なものを奪う」「つねに勝っていなければダメだ」というような思いがあります。

気をつけなければいけないのは、親が日頃から誰かの悪口、批判、批評、グチなどを言っていると、自然と子どももそうなるということです。

人の悪口や批判、グチなどは、できるだけ子どもの前で言わないようにしましょう。

また、子どもが友だちや先輩、先生の悪口を言ったときは、まず、いじめなどがないかを確認し、大きな問題がなさそうであれば、「へえ、そうなんだ。でも、どうして○○君、そんなことを言ったのかしらね」「そう。じゃあ、○○君のいいところってどこかな？」と、相手の立場や気持ちなどを思いやれるように促します。

さらに、親が「○○さんって、こんないいところがあるのよ」「うちのママは時々、ヒステリーを起こすけど、本当は思いやりがある人なんだよな」などと、他人や家族をほめたり、認めたりすると、なおいいでしょう。

もちろん、わが子へのほめ言葉も忘れないでください。

毎日、1つはどこかいいところを見つけてほめてあげましょう。

また、日頃からどんなに小さなことでも、「あ、お醤油とってくれてありがとう」など と感謝の気持ちを伝えることも大切です。

これだけでも、子どもは自然と変わっていくことでしょう。

3 暴力や暴言をともなう兄弟ゲンカをよくする

「うちの子どもたちは仲が悪くって。お兄ちゃん、いつも弟を蹴ったり叩いたりするの」

小6のマサオ君は、3つ上のお兄ちゃんからいつも叩かれたり、ひどい言葉を投げつけられています。

兄弟ゲンカは、どこの家庭でもあることです。

ただし、兄弟ゲンカだからといって、見逃していいものと、そうではないものとを区別する必要があります。

まず、どんな場合であろうとも、蹴ったり叩いたりするなどの暴力を振るうことは厳禁です。

さらに「死ね」「殺す」などの暴言や、人間の尊厳を傷つけるような言葉もダメです。

激しい兄弟ゲンカをする兄弟に多いのは、両親のとっくみ合いの夫婦ゲンカをよく見ているか、どちらかの親が「しつけ」と称する暴力を振るっているケースです。

暴力や暴言にさらされていた子どもの潜在意識には、「わかり合えないときには戦うしかない」「痛めつけないと人はわからない」というような思いが根づきます。

しかし、いかなる理由であっても、人が人の心や体を痛めつけていいなどという道理はありません。上の子が下の子を叩いたり、脅すような言葉を投げかけているのを見つけたら、必ずすぐに止めてください。

それは、家庭内のいじめです。

「どんな理由であっても、人を痛めつけてはいけない。たとえ言葉であっても同じだよ」と、しっかりと子どもの目を見て、真剣に伝えてください。

子どもがどんなに反抗的な態度をとろうとも、毅然とした態度で一歩も引かず、いつも同じことを言い続けることが大切です。

これは子どもの心や人生にとって、とても大きな問題なのですから、当然ですよね。

4 おとなしい性格のため、いつも損をしている

「うちの子っておとなしいから、いつも人間関係で損をしている気がして心配だわ」

中1のケンイチ君は、消極的な性格のせいか、いつも我慢をしたり、損な役回りを引き受けてしまうようです。

少子化の影響からか、今は親が子どもを大事にするあまり、ワガママで自己中心的な子どもが増えているようです。

その中で、協調性があり、我慢をすることも知っている子どもは何かと損をしてしまうかもしれません。親としては、ヤキモキするところです。

私も子どもたちに、「お友だちにはやさしくしなさい。ワガママなことを言ったり、したりしてはいけません」と教えて育てました。そのせいか、たしかに意地悪なことをしたり、自分勝手な振る舞いをしない子にはなりました。

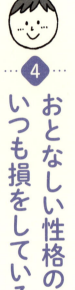

しかし、私の子どもが小学校の中学年になった頃、「うちの子の周りには、なぜか気が強くて、ワガママな子ばかりがいるもんだなあ」と思うようになりました。

あまりにも強引な子と仲よしのときは「遊びたくない」「学校に行きたくない」と言い出すこともありました。

どうやら、私の子どもの潜在意識には、「自分の気持ちよりも他人の気持ちのほうが大切だ」という思いがあったようで、何を言われても我慢ばかりしていたようです。

そこで、「やさしい子にはやさしく。やさしくない子にはそれなりに。嫌なことははっきり嫌と言う」と、やや教育方針を変えました。

「やられたら、やり返す」と教えたほうがいいのかと一瞬、思いましたが、それでは人間関係が殺伐としたものになると思い、とどまりました。

嫌なときに嫌と言えないのはつらく、しんどいことです。

それが原因で、将来、人間関係が悪くなったり、会社勤めが嫌になったりすることもあります。

けじめも大切ですが、おとなしい子に対しては、あまり頭を押さえつけず、適切な機会を見計らい、子どもの主張を通してあげる機会もつくってあげましょう。

5 友だちからいじめを受けている

「何だか最近、無理に元気を装っているみたいな気がして。上履きや体操服をなくしたり、教科書にいたずら書きがあったりするし……」

ヤスヒコ君（中1）は、家では元気です。でも、夜にうなされていたり、友だちがふざけて書いたといういたずら書きには「死ね」と書かれていました。

思春期の男の子はいじめを受けていても、たいていの場合、親には絶対に知られたくないと思っています。

親に心配をかけたくないという気持ちもありますが、潜在意識には、「恥ずかしい自分を見せたくない」という不安があるのでしょう。

実際、いじめを受けて自殺してしまう子どもの多くは、親にその事実を話すことができていません。

子どもが元気を装っている、食欲がない、眠れていない、不審なアザがある、もち物が破損している、物やお金がなくなるなどなど、ちょっとでもおかしいなと感じたら、早めに対策を講じることが必要です。

まずやってはいけないのは、心配のあまり、「あなた、もしかしていじめられているんじゃないでしょうね！」と、まるで悪いことでも見つけたかのごとく、急に子どもに迫ることです。

おそらく、子どもは隠そうとするでしょう。そして、よけいに真実を言えなくなり、追いつめられます。

子どもが隠そうとしているなと思ったら、

「お父さんもおまえくらいのときには人間関係で悩んだな。1対1ならまだしも、1対複数だったら卑怯ないじめだからね。何でも相談に乗るぞ」

「お父さんもお母さんも、あなたが後から困らないように、絶対に恥ずかしくないように、あなたを守るから、本当のことを言ってほしい」

などと、まずは子どもの気持ちに寄りそい、安心させてあげてください。

また、いじめが原因で子どもが学校に行きたがらない様子を見せたら、無理して登校させる必要はありません。

明らかにいじめを受けていることが判明したら、もちろん学校側と相談する必要はあります。

しかし、学校側やいじめた子どもたちが、すんなりといじめを認めるかどうかはわかりません。

たとえ、いじめを認めたところで、本当にいじめがなくなるかどうかも怪しいところです。ことの白黒をつけることよりも、子どもの心と体を守ることのほうが大切です。

あるいは、子どももいよいよというところまで追いつめられたら、自らいじめを受けていることを話してくれるかもしれません。

何度も言いますが、思春期の男の子にとって、いじめを受けていることを親に知られるのは死ぬほど恥ずかしいことです。

そのみじめさを超えて親にカミングアウトするのは、大変な勇気と覚悟が必要だったはずです。

そのとき、子どもはまさに人生最大の苦しみの中にいます。

そんな子どもに対して、「男の子のくせに弱い」「いじめられるあなたにも原因がある」「どうして言い返してやらないの?」などと、ちょっとでも責めるようなことを言っては絶対にいけません。

そして、「そうか、よく話してくれたね。勇気がいることだと思う。ありがとう」と、まずは話してくれたことをほめ、感謝しましょう。

「そうか。つらいね。本当に」「よく今まで1人で頑張ってきたね。何があっても、絶対にお父さんとお母さんがあなたを命がけで守るからね」「今は人生で一番くらい、つらいときだけど、必ず一緒に乗り越えていけるよ」と共感し、ともに戦うことを伝え、本当に命がけで子どもを守ってあげるのです。

見栄や体裁、他の事情などは子どもの命や人生に比べたら、小さいものです。

本当に行きづまったら、転校や引っ越しなどを考えてもいいでしょう。

場合によっては高校や大学に入るのが数年遅れるかもしれませんが、長い人生を考えれば大したことではありません。

その遅れさえも、のちのち大きな力になるはずです。

6 友だちをいじめている

「何だか最近、見たこともない物が増えているのよね。時々、すごく高価な物もあって。子どもに聞いたら、友だちがくれたって言うんだけど……」

中3のトオル君の部屋には、いつの間にかゲームソフトやＤＶＤなどが増えています。

買ってやったおぼえのない物が増えていたり、なぜかたくさんお金をもっているときには、万引きを心配するとともに、いじめの可能性も考えてみる必要があります。

たいていの子は「友だちからもらった」などと答えます。

しかし、高価な物、安いけれどたくさんの物がある場合には、要注意です。

また、態度や言葉づかいが暴力的になる、あるいは弟や妹に当たるようになったときもいじめを受けている、もしくはいじめている両方の可能性を疑ってみる必要があります。

もしも、子どもがいじめをしているとわかったら、当たり前のことですが、「人を傷つけるような態度や言葉、行動は許されることではない」と叱ってください。

ただ、実際にはそんなことくらいでいじめをやめることはないでしょう。

なぜなら、本人はそんなことはとっくに知っているうえでやっているのですから。

悪いと知ってはいるけれども、やめられない衝動に駆られていじめているのです。

誰かをいじめている加害者の潜在意識には、「傷ついた思い」があります。

何らかのつらい痛みを抱えているのです。

たとえば、小さい頃に親から虐待されていたなどという場合もあります。

あるいは、それほど大ごとでなくても、「認めてもらえない、わかってもらえない、見てもらえない、自分に自信がない」などと大きなストレスを抱えている場合にも、人を痛めつける行為に走ることがあります。

まず、大切なのは子どもが抱えているつらさへの共感です。

ただ、熱くなって一方的に叱るだけではなく、「いったい、どうしてこんなことをしたの？」とやさしく聞いてあげましょう。

そして、子どもの心の叫びに耳を澄まし、「つらかったんだね」「大変だったね」と共感し、子どもの心を抱きしめてあげてください。

7 かわいがってくれていた祖父母やペットの死を受け入れられない

「かわいがってくれていた祖母が半年前に亡くなってから、少しずつ話さなくなって、荒れるようになって……」

お祖母ちゃんが亡くなったとき、マサシ君（中1）は一見、元気そうでしたし、ふだんとさほど変わった様子は見られませんでした。しかし、徐々に心を閉ざし、荒々しい態度をとるようになりました。

私は心理セラピストとして、これまで３０００人以上の方の人生に深くかかわらせていただいてきました。

その結果、わかったのは、思春期までに大切な存在を喪失した体験があり、その体験をうまく乗り越えられないまま成長した場合、その人の潜在意識には、「大切な存在は急に自分を見捨て、いなくなってしまう」「悲しんではいけない」というメッセージが残り、のちの人生で大きな問題を抱えるケースがとても多いということです。

大家族が多かった昔は、祖父母が家で亡くなることもよくあり、子どもは「死」というものを自然と学ぶことができました。

しかし、核家族化した現代では、祖父母や親しい人が亡くなると、親はできるだけ子どもの負担を減らそうと、その「死」から遠ざけようとするケースが多くなりました。

おかげで、子どもは大きな悲嘆を感じずにすみますが、心の中には悲しみや寂しさがずっと残ったままということに……。

そして、それがのちに心や体、人間関係を蝕むことになってしまう場合もあるのです。

私のクライアントさんの男性Aさん（24歳）は、中学3年生のときにはほとんど学校に行かなくなりました。

その後、何とか私立高校に入学したものの、すぐに不登校になり、引きこもりになってしまったそうです。

家ではイライラすると、暴れて物を壊したり、ときにはカッターで自分の腕を傷つけることもありました。

そんな数年をすごし、心配と疲労でいっぱいになった母親がAさんを私のもとに連れてきたのです。

Aさんとのセラピーでわかったのは、中1のときに亡くなった祖母が、以前から重い病気であったことをAさんが知ったのは、亡くなった後だったということでした。

お祖母ちゃん子だったAさんは、お葬式でも祖母の死が現実のものと思えず、きちんと悲しむことができませんでした。

そう、祖母を喪失した悲しみと、病気を知らせてくれなかった親への憤りこそが、Aさんの不登校や引きこもり、自傷のもともとの原因だったのです。

私のセラピーを受けたAさんは、たくさん泣きました。

そして、泣くことでずいぶん心の傷が癒されたのでしょう。

その後、Aさんは徐々に社会復帰することができました。

身近な存在や祖父母、ペットなどが亡くなった場合、もしくは亡くなりそうなときには、子どもを遠ざけず、できるだけ一緒にその死を体験させてあげてください。

そうすれば、子どもなりに大切な存在との別れを感じ、自分がしてあげられることをしようとするでしょう。

そして、亡くなったときには、ともに故人、ペットの亡骸のそばで思いっきり泣き、語り、悲しみや寂しさを吐き出していきます。

さらに折に触れ、「本当に悲しいね」「寂しいね」と言って、親も素直に悲しみ、泣いてください。亡くなった大切な存在の思い出を語り、また泣いたり、笑ったりして思いを共有していきます。

そのようにすることで、人は大切な存在の喪失を少しずつ受け入れられるようになるのです。

親であるあなたへのメッセージ

長年、セラピストをしていて痛感するのが、人の悩みの90%以上は人間関係にあるということです。

実際、人はどんなに社会的地位が高く、お金を稼いでいたとしても、人間関係に問題を抱えていると幸せだとは感じられません。

それは子どもの世界でも同じです。

親として思春期の男の子にしてやれること、すべきことがきっとあるはずです。

◆子どもの人間関係を豊かにするために

最近の若者はマイペースで協調性がないと言われ、社会に出てからも何かと周りを振り回し、敬遠されがちです。

そうなってしまう原因の1つとしてあげられるのが、コミュニケーション能力の低さです。

コミュニケーション能力を上げるためには、相手の立場や気持ちを思いやれる「共感力」と、自分の考えや気持ちを表現するための「表現力」が必要です。

そのためにも、ぜひ、お子さんとのさりげない会話を増やしてください。

たとえば、テレビを見ているときに、何気なく「ちょっと、この人の話ってどう思う？　お母さんは○○だと思うなあ」などと誘い水をしてみてもいいでしょう。

また、「これ、すごく面白いよ」と本を渡して、感想を聞くのもおすすめです。

それもダメなら、「お母さん、今、会社の上司にこんなこと言われちゃってさ、少し落ち込んでいるんだよね」などと相談をもちかけてみると、子どもの思考力や共感力など、いろいろな能力を高めることができます。

人間関係で問題を抱えやすい原因のもう1つは、自己肯定感の低さです。

自己肯定感が低いと、たとえコミュニケーション能力が高くても、相手に合わせすぎてしまって、つねに大き

なストレスを抱えてしまうということにもなりかねません。

また、いじめを受けやすい子も、じつはいじめっ子も、基本的には自己肯定感が低いことがほとんどです。

「自分も相手もみんな価値がある」という感覚は、親自身がしっかりと自己肯定感をもち、かつ子どもにそれをきちんと伝えられているからこそもてるものです。

もし、親が自分に自信をもてないでいたら、いくら表向きは虚勢を張っていたとしても、子どもにはバレています。

だから、親自身が自己肯定感をしっかりともっていることが大切なのです。

◆親が子ども時代に受けた心の傷を癒す

「親が自己肯定感をもっていることが大切だと言われても、今さらどうしたらいいの?」

と思われるかもしれませんね。

ごもっともです。

何を隠そう、この私自身が他の誰よりも自己肯定感の低い人間でした。

だから、子どもにはいろいろな迷惑をかけていました。

自己否定のかたまりのような人間だった私ですが、心理学を学ぶことで、自己肯定感が低いのは、子ども時代の親との関係性が原因だと気づきました。

そこで私は、自分の心の中にいる子ども時代の「小さな自分（インナーチャイルド）」を癒し、自分に温かい言葉をかけるようにしたのです。

それからというもの、私と子どもたちとの関係性は明らかに変わりました。

思春期真っ盛りで、まるで私のことを不倶戴天の敵であるかのように見なしていた息子とも、徐々に話ができるようになっていきました。

これは、私にかぎった話ではありません。

私の20年近いセラピストとしての経験からも、親が癒されると、子どもの問題は改善していくということは断言できます。

どうぞ、だまされたと思って、自分の中のインナーチャイルドを癒すために、1人になれるときに、次のワークをしてみてください。

- あなたが人間関係でストレスを感じたときに、心の中でつぶやく言葉は何でしょうか？
- また、そのときにはどんな気持ちになっていますか？

●体の感覚はどんな感じでしょう?

そのときを思い出して、その気持ちに浸ってください。

そして、心の中で「小さな自分」を思い浮かべ、言葉をかけてあげるのです。

「わかってもらえないことや、認めてもらえないことがいっぱいあって、悲しいよね。もしも、あなたが誰かに傷つけられているなら、それはあなたのせいじゃない。あなたのことを助けられなくてごめんね。ずっと苦しかったね。本当は、あなたは愛されて当然な子だよ」

こんな言葉をかけてあげられるといいですよね。

そして、このワークをしていて涙があふれてきたら、そのまままたくさん泣くことを自分に許してあげてください。

大人になった今では、子ども時代の悲しい記憶なんて、どうってことないと思いがちですが、潜在意識の中のインナーチャイルドは、あのときのまま、ひざを抱えて助けを求めているかもしれません。

ぜひ、試してみてください。

子どもの人間関係を豊かにする〝もしもの質問〟

〝もしもの質問〟は、ただ答えようとするだけで、親である、あなたの潜在意識を刺激し、お子さんの人間関係を豊かにするためのヒントが得られます。

「もしも、今、あなたがお子さんと同じ年齢に戻り、同級生になったとしたら、あなたから見て、お子さんはどんな子でしょうか？
また、『もっと〇〇だったら、みんなに好かれるのに』の〇〇に入る言葉は、何でしょうか？」

親として自分の子どもを客観的に見ることは、なかなか難しいものですよね。

でも、「もしも、自分が息子の同級生だったら？」と考えてみることで、案外、いろいろと気づけるかもしれません。

「もっと、積極的に行動すれば、好かれるのでは？」

「もっと、人の話を聞けるようになったら、好かれると思うな」

「もっと、ユーモアがあれば、絶対に好かれるよ」

などなど、さまざまな視点が出てくることでしょう。

「もしも〇〇だったら……」の「〇〇」は、ただ、単純に子どもに伝えても、あまり意味はありません。

おそらく、嫌な顔をされるだけでしょう。

〇〇の部分は、息子さんとのコミュニケーションの中で、ぜひとも、親であるあなた自身が実践してみてください。

そうすることで、自然と息子さんはあなたをモデリングしていくことでしょう。

第3章

「なぜ勉強しなくちゃいけないの？」に答えられますか？

――勉強の問題

思春期の間に勉強することの意義をきちんと知り、
自発的に勉強できるようになるかどうか？
これによって子どもの人生における選択肢の数が決まります。
加えて、勉強にまつわる子どものさまざまな問題に
親が柔軟に対応できることも大切です。

1 とにかく勉強をしない

「うちの子は、とにかく勉強しないんですよ。ゲームもしてない、マンガも読んでない、と思ったら、スマホをずっといじってばかりいて……」

タカオ君（中1）のお母さんは、ため息をついています。

子どもがちゃんと勉強をしてくれない……。

ほとんどの親共通の悩みかもしれませんね。

しかし、そんな親の思いとは裏腹に、ほとんどの子どもは「できるならば勉強をせずに楽しいことだけをやっていたい」と思っているはずです。

私たち親も同じです。

できれば嫌な仕事はせずに、旅行したり、趣味に没頭したりしていたいはずです。

ただ、大人になってみると、「ああ、もっと勉強してレベルの高い大学に入っておけばよかったな」「努力して、高収入を得られる資格をとっておけば……」と思うので、「せめて自分の子どもにはしっかりと勉強させたい」と願うのでしょう。

ちなみに「勉強しないで困っています」と嘆く親御さんに、「お子さんが勉強しないで困っているのは、誰ですか？」と聞くと、たいていの場合、「え？　ああ、私です」と答えます。

そう、将来的に困るかもしれないのは子どもなのですが、今、困っているのは親のほうなのです。

勉強しない子どもの潜在意識には、「できるだけ楽をしたほうが得だ」「自分は勉強をしない人間だ」というような思いが根づいています。

心配な気持ちは痛いほどわかりますが、思春期の男の子を親の思いどおりにコントロールするのは無理。

ここはうるさいことを言わずに見守り、次項の「勉強する意義」を子どもにしっかり教えられるようにしておきましょう。

2 「勉強する意味がわからない」と言ってくる

「まったく！　うちの子ったら、『勉強する意味がわからない』なんて、へ理屈ばかり言ってきて……」

中2のヒロミツ君は、最近、「なんで勉強しなくちゃいけないわけ？　人生で数学とか化学とかそんな使うか？　日本から出るつもりもないから英語もいらねえし」などと開き直っているようです。

親からしてみれば、勉強を避けるための、ただの言い訳のようにも聞こえますが、「なぜ勉強しなくてはいけないの？」という質問に、親自身がちゃんと答えられるでしょうか？

「つべこべ言ってないで勉強しなさい！」「勉強するのが子どもの仕事！」などという答えでは、子どもは「やっぱり大した理由はないんだな」と思うだけ。

「何のために勉強するの？」と聞いている子どもの潜在意識には、「親だって勉強する意味なんて知らないに決まっている」「ちゃんと勉強できるように、納得できる答えを教えてほしい」という思いが隠されています。

ここはしっかりと子どもの疑問に向き合い、勉強する理由をきちんと教えたいところです。

私が見出した勉強する理由は、次の3つです。

①生きるための自分だけのオリジナルな力をつけるため

生きるためのオリジナルな力とは、文字どおり自分にしかない力のことです。

今の時代はいい大学に入り、いい企業に就職するだけでは安心や幸福を得られにくくなっています。

そこで、他の人にはない専門的な力があれば、経済力もやりがいも手に入れられます。

そのためには、まずはみんなと同じ土俵での評価を得たうえで、もう1つ別のジャンルの力があれば、かなり専門性の高い人になれます。

たとえば、医者でありながら英語力ももっていたら、海外で医師ライセンスを得ることもでき、一気に人生の活躍の場が広がります。また、税理士でありながら、文章を書く力ももっていたら、専門書をたくさん書くチャンスをつかむこともできます。

②人生での困難を乗り越える力をつけるため

人生は困難の連続です。

つまり、困難にぶつかったときに、たくさんの選択肢をもち、賢明な選択をした人だけが、より満足できる人生を歩んでいけるということです。

そのためには思考力や柔軟性が必要となります。

そして、それらの力の基礎は、やはり学生時代に学んだ幅広い一般教養です。

また、子ども時代にさまざまな教科を学ぶことで、脳のさまざまな領域を活性化させることもできます。

③自尊感情を守るため

あなたのお子さんも将来、結婚し、「妻や子どもを守りたい」と思うときがくるかもしれません。

そのときに経済的にしっかりと自分の大切な存在を守れるかどうかは、男としての存在意義や自信に大きくかかわってきます。

また、お金をたくさん稼げると、それだけ時間も自由も買うことができます。

今は目先の遊びや楽しみだけで満足していても、大人になってからの時間のほうがずっと長いのです。

「今、遊んでいたり、さぼっていたりして、理想どおりの高校や大学に進めず、将来、やりたくもない仕事に就いて、長時間労働させられ、身も心もクタクタになるか。それとも、今はしっかり頑張り、将来、大変だけれどもやりがいのある仕事に就き、どんどん夢を叶えるか。今ならどちらでも選べるよ」と言ってあげてください。

このまま話してあげてもいいですし、あなたならではの理由を話してあげるのでもかまいません。

大切なのは本音で、正直に話すことです。

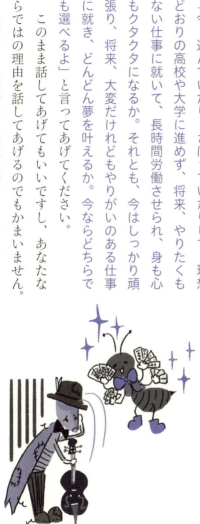

3 勉強しているのに成績が悪い

「うちの子、けっこう勉強しているようなのですが、成績が悪いんです」

真面目な性格のタツヤ君（中2）は、コツコツと毎日、勉強しています。授業中も先生の話を聞いて、ノートもちゃんととっています。でも、成績はいつも下位層です。

もしも、お子さんがちゃんと勉強しているのに、成績が悪いのならば、まずは成績が上がらない原因をはっきりさせましょう。

ただし、成績が悪いといっても、学年で10位以内に入らないとか、親の希望的観測をもとにするのではありません。

ここでの成績が悪いというのは、学年でも下から10位以内とか、勉強している時間に対して、明らかに結果が出ていない場合を指します。

まず考えなくてはいけないのは、勉強する方法を根本的に知らない可能性があるという

ことです。

ただ延々と教科書や参考書をノートに写している、1つの問題を何時間もかけて解いているなど、効率の悪いやり方をしていたら、親が見てあげるか、塾、家庭教師などを考えるのもいいでしょう。

もう1つの懸念は、「学習障害」などの影響です。

私は小学2年生のとき、ひらがなやカタカナの中のいくつかの文字を読んだり、書いたりできず、担任の先生や親をずいぶん悩ませました。毎日、下校後、勉強机の横の「あいうえお表」をじっとにらみつけて、何とか覚えようとしていたのを思い出します。

私の潜在意識には、「私は頭が悪い。どうせ勉強してもできないだろう」という思いが根づきました。今なら、あれは学習障害という発達障害のうちの1つだったと断言できるのですが、当時は発達障害という言葉さえ、教師も親も知らなかったくらいですから、いたしかたありません。

それはともかく、もし、子どもが何らかの発達障害だった場合、やみくもに勉強を強要しても、効果が少ないばかりか、子どもを精神的に追い込むことさえあります。

不安な場合は、専門医などに相談してみることをおすすめします。

4 「志望校のランクを下げたい」と言ってきた

「急に『志望校のランクを下げたい』と言ってきたんです。せっかくのチャンスなんだから、親としては頑張ってほしくて……」

コウイチ君（中3）は、1年生のときから目指してきた高校より2ランクも下の高校を受けると言い出しました。

子どもが「志望校のランクを下げたい」と言ってきたら、親としては複雑な心境になりますよね。

「そんな弱気になるな、頑張れ」と言いたくなるかもしれないし、「無理をするよりはいい」と安心したり、「こんなところで挫折させて大丈夫かしら」と不安になるかもしれません。

まず、気をつけなければいけないのは、やみくもに意見を言うのではなく、子どもの話をよく聞くということです。

基本的には、本当に子どもが考えに考えた末に決めたことであるとわかったら、その意志を尊重してあげましょう。

しかし、自信を喪失していたり、やけになっているようならば、子どもの潜在意識には、「いくら頑張っても、きっと自分はダメだ」「何とか親に助けてもらいたい」という思いがあるかもしれません。

なぜ、志望校のランクを下げようと思ったのか、本当に心からそれを望んでいるのかをよく聞きましょう。

そして、それは今の時点で妥当な対応か、そうすることのメリットとデメリットは何かを親子で考えてみることです。

高校で人生が決まるわけではありませんが、高校時代にどのような環境に身を置くかは、その後の人生に大きな影響を及ぼします。

子どもの心に寄りそうと同時に、大人としての知恵も授けてあげたいところです。

ぜひ、冷静かつ慎重にどうすればいいかを考えてあげてください。

5 受かる見込みのない学校を受けたいと言ってきた

「うちの子ったら、ほとんど受かる見込みのない学校を受けるって言うんですよ。もう、心配で……」

トモカズ君（中3）は、これまでの志望校よりも2ランク上の高校を受けたいと言い出しました。


これまた親としては複雑な気持ちになることでしょう。

「挑戦する勇気が大事なんだ！　エラいぞ！」と喜ぶ親御さんもいそうですね。

もちろん、何ごとも上を目指し、チャレンジする勇気をもつのは素晴らしいことです。

しかし、問題はやはり、志望校を変える気になった理由です。

本人が急にやる気になり、自分の将来を考えたときに、「やっぱり上の高校に行きたいと思った」と言うならば、それは挑戦させてあげるべきでしょう。

では、「制服が格好いいから」「友だちが行くから」といった理由ならばどうでしょう?

私は、これについても、自分なりのはっきりとした理由があって挑戦を決めているのならば、それでいいのではないかと思っています。

ただし、中には、親には言えないけれども、「人間関係のゴタゴタで」とか、「志望校を誰かにバカにされた」などという理由もあるかもしれません。

その場合は、子どもの潜在意識に「逃げたい」「もっと上位の高校に行かなければ終わりだ」という思いが隠れていることが考えられます。

そうであるなら、志望校をランクアップさせるだけが解決策ではないので、できるだけ一緒に知恵をしぼってやりたいところです。

いずれにしても、志望校のランクを上げた場合と今までどおりの志望校の場合では、どんな差があるのか、また落ちた場合はどうするのかを真剣に話し合うべきです。

その際に大切なのは、感情的にならず、子どもの心や立場を理解しようと努めることです。

最終的に子どもが納得しなければ、お互いに後悔することにもなりかねませんからね。

6 成績のことでかなり落ち込んでいる

「最近、成績のことで悩んでいるみたいで……。思いつめて何かあったらどうしようって思うんですよ」

ヒデカズ君（中3）は、ずっと中の上の成績をとっていたのですが、3年生になってから急に下がりました。本人なりに頑張っているつもりなのですが、いっこうに成果が上がらない状況が続いています。

先にもお話ししたように、勉強を頑張っているのに成績が下位層の場合は、勉強する方法を根本的に知らないのかもしれません。

その場合は、親が見てあげるか、塾や家庭教師を利用して正しい勉強の方法を身につけさせてあげれば、じきに成績も上がってくるでしょう。

しかし、成績は普通か中の上以上だったのが、急に下がっているというような場合は、どうしたらいいのか戸惑ってしまいますよね。

これは、子どもが小さいときから塾などに通わせ、先取り教育をさせた場合などによく見られます。

また、女の子は比較的、早い時期からコンスタントに勉強し、成績も維持できますが、男の子は中学の後半くらいで、グンと伸びる子も多くいます。

周りの友だちが中3の夏休みあたりにラストスパートとばかりに成績を伸ばしてくるときに、自分だけ成績が上がらない、もしくは下がってしまうと、それは落ち込む可能性がありますよね。

そんなとき、絶対にやってはいけないのは、

「甘えてないで、もっと勉強をしろ!」などと追いつめることです。

本人は甘えているつもりなどないのです。

もしかすると、能力の限界を感じているかもしれません。

そんなときに、きつい言葉を投げかけたところで、事態を悪くするだけです。

成績のことで落ち込んでいる子どもは、潜在意識レベルで「もう人生の終わりだ」「自分はこれからどんどんダメになっていくかもしれない」と思いつめている可能性があります。

こんなときこそ、しっかり子どもの心を抱きしめてください。

そして、「十分頑張っているよ。勉強からはちょっとだけ離れて、リラックスして頭を休めようよ」と言ってあげてください。

また、子どもはもしかすると、親の期待に応えられないことに苦しんでいるのかもしれません。

したがって、口では、「無理しなくていいよ」と言いつつも、親の潜在意識に「こんなことで負けてどうするんだ!」「人よりも努力してこそ、人並み以上の人生が送れるのだ」という思いがあれば、子どもには全部バレています。

今一度、心の奥底では、子どもが人よりもいい高校やいい大学に行くことを期待しすぎていなかったか、自分が成し得なかったこと、または自分と同じことを子どもに望んでいなかったかを考えてみてください。

そして、もし少しでも「あるかも」と思われたら、そのことを正直にお子さんに言ってあげてください。

「お父さんは、自分の理想をおまえに押しつけてきたかもしれないね。でも、おまえの人生はおまえ自身のものだよ。おまえがどんな選択をしても、お父さんは応援するよ。そして、それは今だけではなくて、これからの人生ずっとだよ」

それがお子さんの疲れた心を抱きしめることになるでしょう。

7 必死で目指した学校に不合格だった

「あんなに頑張ったのに、第1志望がダメで……。食欲もないし、かわいそうで」

ハヤト君（中3）はお兄ちゃんと同じ高校に行くために、ずいぶん頑張りました。しかし、結果は不合格。親としては何と言って慰めたらいいのか、悩むところです。

ありがちなのは、「おまえは一生懸命やったよ。別の高校にもいいところはいっぱいあるんだから、また頑張ればいいんだよ」といったところでしょうか。

そうはいっても、必死で目指した学校に不合格だった子どもは、「人生は終わった」くらいの気持ちで落ち込んでいます。

おそらく人生初の大きな挫折かもしれません。

もしも、これがつい怠けてしまったとか、努力が足りなかったと自覚できるならば、自業自得だと思えるでしょう。

でも、精いっぱいやってもダメだったとなると、より気持ちは落ち込みます。

それなのに「おまえは一生懸命やった」と慰められても……。

もちろん、多くの場合は、一時落ち込んでも、高校に入学し、新しい生活が始まると、また元気になるものです。

しかし、子どもによっては、この挫折が契機になり、不登校や引きこもり、自傷行為、思春期うつ病、非行など大きな問題へと向かうこともあります。

この人生初の挫折は、子どもにとっては人生の大きな転機ともなる大問題。

親として、ぜひ子どもをしっかりと抱きしめてあげてください。

合格発表の直後などは、かなり気持ちも落ち込み、沈んでいるはずです。

場合によっては、親に泣き顔を見せるかもしれません。

そんなときは、そっと肩を抱いたり、手を握ってやるだけで気持ちも落ちつきます。

ただ、多くの場合は、思春期の男の子とのスキンシップは難しいはずなので、心をしっかりと抱きしめていることを伝えるのが大切です。

人生は壁にぶち当たったとき、最もしんどいときに、踏みとどまり、立ち直れるかどうかが勝負です。

いくら優秀でも、成功しても、必ずくじけそうになるときや、失敗してしまう嵐のようなときがあります。

その嵐で、ポキッと折れてしまうか、柳の木のようにしなって、雨や風をやりすごし、お日さまが顔を出したら、また、あっという間に立ち直れるかどうかは、心の強さによります。

心の強い子にするには、突き放すのではなく、しっかりと抱きしめて育てることが肝心です。

そうすることで、「自分はありのままで愛される、価値のある存在なのだ」という自己肯定感が育まれます。

自己肯定感が高い子は、少々の困難や失敗に遭遇してもめげませんし、そのときは落ち込んだとしても、すぐに立ち直ります。

そして、それこそがレジリエンス、つまり心の回復力の強さなのです。

抱きしめてあげるには少々大きくなりすぎた思春期の男の子であっても、場合によっては肩を抱いたり、手を握ったり、背中をさすったりすることはできます。

また、何度も言うように、体に触れることよりも大事なのは、しっかりと子どもの心を抱きしめてあげることです。

もちろん、親が抱きしめているつもりでも、子どもがそう感じなければ、抱きしめていることにはなりません。

つまり、子どもが小さい頃よりも、愛情を伝えるのはとても難しくなったということです。

だからこそ、言葉や表情、雰囲気で、子どもに信頼や安心、愛情を伝える工夫が必要です。

ただ隣にいてやり、「残念だったね。お父さんもすごく残念だよ。でも、おまえだったら、『この失敗があったから、成功できたんだ』って、後で思えるようにきっとできるよ」と言うこともできます。

また、何も言わず、呼吸を合わせてそばにいてやり、目が合ったらやさしくほほ笑むだけでも、子どもは孤独ではないことを知ります。

心を抱きしめてあげることさえできれば、子どもはきっと、再び立ち上がってくれることでしょう。

親であるあなたへのメッセージ

偏差値教育の是非が問われていますが、正直なところ、日本はまだまだ学歴社会です。実際、高学歴の人のほうが高収入の仕事に就くことができ、経済的に豊かな人生を送っています。

学歴も学力も高いほど、人生での選択肢や可能性が大きくなるということですね。

では、親として、一番難しい時期の思春期の息子に何をしてあげられるのでしょうか？

◆子どもは自分の人生の延長コードではない

親ならば、子どもには少しでもいい生活、そしていい人生を送ってもらいたいと願うものです。

だから、勉強をしっかりして、いい高校、いい大学に入り、他の人よりも少しでも有利に人生を選べるようになれば、と思うわけです。

それなのに、思春期の男の子は素直に親の言うことを聞きませんし、それどころか、反抗的な態度や無礼な物言いで、ときに親の心を踏みにじることさえあります。

まさに親の心、子知らずといったところでしょう。

私の息子もひどい反抗期で、その態度の悪さに、時々、きゅっと首をしめたくなることさえありました。

それでも、誰よりも息子を愛しているのも事実です。

だから、息子にとってよかれと思うことは、口を酸っぱくして言うようにしていました。

勉強についても、中学生まではあれやこれやと口出しをしていました。

しかし、息子が中2のとき、私は死を覚悟するほどの大病をわずらうことに。

そのときに、はっきりとわかったのです。

「ああ、勉強なんてできなくてもいい。人よりも有利な人生なんて歩まなくてもいい。ただ、この子が幸せで健康に生きてくれさえしたら」と。

さらには、息子にこれまで勉強しなさいと言ってきたのは、息子のためではなく、自分のためだったのかもしれないと思い始めました。

自分が安心して、満足するために。また、みんなに誇れるような息子にするために。

まったく浅はかなことでした。

でも、ときとして親は、自分が成し遂げられなかったことを、自分の子どもを使ってやり遂げようとします。

まるで子どもを自分の人生の延長コードのように感じているわけです。

しかし、私の場合は自分が死ぬかもしれない段階になって初めて、自分が本当に望んでいることがわかりました。それからは、勉強しろと言うかわりに、「自分の人生を精いっぱい、悔いなく生きなさい」と言うようになりました。

そして、病気を克服してからの私は、私自身の人生を悔いなく生きるために猛勉強を始めました。

すると、面白いことに、息子は自ら将来の職業を決め、高校を選び、高校生活をエンジョイしたうえで、予定どおり2浪して猛勉強し、自分の夢を叶えられる大学へと進学したのです。

◆親が子ども時代に受けた心の傷を癒す

あなたが自分の親から期待されていた職業や生き方はどんなものでしょう？

親がはっきりと「医者になれ」「教師になれ」と言っていたかもしれないし、何も言わずとも、「親はきっと公務員になってほしいと思っているんだ」「親は自分の跡を継いでもらいたがっている」などとわかっていたかもしれません。

もしくは、「うちの親は自分のことばかりで、子どもの人生のことなんて関心がない」と感じている人もいるでしょう。

いずれにしても、あなたが感じていたものは、きっと当たっているはずです。

子どもは、親の気持ちや期待を察するものです。

そして、知らず知らずのうちに親の期待に応えようとします。

もしも、あなたが今、親が期待した職業や生き方ではなく、別の人生を歩んでいたら、知らず知らずのうちに自分の子どもにその生き方を選ばせようとしているかもしれません。

頭では、「そんなことはない。子どもに勉強させて東大に入れるのは、子どものためだ」と思っていたとしても、心の奥深くでは、子ども時代のあなた、つまりインナーチャイルドが「自分はダメだったけど、自分の分身であるこの子ならばできるはずだ」と思っているかもしれません。

すると、あなたの親と同じように、あるいは別の方法を使って、子どもにどんな人生を送るべきかを教えているはずです。

心当たりがあるようなら、目を閉じて、あなたの心の中のインナーチャイルドに伝えてください。

「あなたは大丈夫だよ。ちゃんと生きていける。大人になって、自分のやりたいことを自分で決めて、自分の責任で幸せになれる人だよ。それが何かの仕事であっても、親になることであっても、自由に生き方を選び、それを子どもに伝えることができるようになるよ。ずっと苦しかったね。でも、たった今からあなたは自由だよ。あなたが幸せになることが一番大切なことなんだよ」

そうすれば、きっとあなたの子どもに対する心のもち様も変わってくることでしょう。

子どもの勉強への意欲を高める〝もしもの質問〟

〝もしもの質問〟は、ただ答えようとするだけで、親である、あなたの潜在意識を刺激し、お子さんの人生の選択肢をより豊かにするためのヒントが得られます。

「もしも、あなたが中学1年生に戻って
人生をやり直すことになったとしたら、
何をどうやり直したいですか?
高校や大学進学は
どう変わるでしょうか?」

さて、どんな答えが出てきたでしょう?

「もちろん数学を基本からやり直して、トップ高校に入って、東大に行って、キャリア官僚を目指すね!」

「中学1年から、親に頼んでアメリカに語学留学して、そのまま大学に進学し、帰国するかどうか考えるかなあ」

あれやこれやと、もう1つの人生に思いを馳せてしまいますよね。

ぜひ、この質問とあなたの答えをお子さんに話してあげてください。

ただそれだけで、お子さんの潜在意識は刺激され、人生のベクトルがより明るいほうへと向くことでしょう。

第4章

子どもの「最後の砦」になる覚悟と勇気をもちましょう

——親子関係の問題

子どもが本当にピンチに陥ったときに、親を頼れるかどうか？
これは、ある意味で何よりも大切なことだと言っても過言ではありません。
息子さんが思春期である今こそ、
何があっても守り抜こうとする
覚悟と勇気をもってほしいと思います。

1 態度も言葉もとにかく反抗的

「『うるせーな』『うざっ』『別に』――。最近、こればっかり！　本当に腹が立ちます」

甘えん坊でやさしかったケン君（中1）が何かにつけ反抗的になり、お母さんはイライラしています。

何を聞いても「うるせーな」「うざっ」「別に」で終わってしまうどころか、無視されることもしばしば……。

親としては、「あんなに素直でかわいかった子が……。何とかこんなひどい態度をやめさせなければ」と躍起になりそうです。

反抗的な態度をとる男の子の潜在意識には、「親の言うことを素直に聞くなんてガキだ」「親は自分を思いどおりにコントロールしようとしている暴君だ」という思いがあります。

一方、子どもに反抗されて、まともに対決しようとする親の潜在意識には、「バカにされてたまるか」「ここで負けたら、子どもを失うかもしれない」という思いがあります。

何度もお話ししているように、思春期の男の子は、今まさに大人になるために心も体も脱皮している真っ最中。

反抗的な態度をとることで、少しずつ親から自立しようとしているのです。

だから、ある程度は見なかったふり、聞こえなかったふりでスルーするように親側が気持ちを切り替える必要があります。

ただし、いくら思春期だといっても、この時期だからこそ親としてちゃんと教えなくてはならないこともたくさんあります。

放任することと、見守ることは違うという点を親はしっかりと自覚する必要があるでしょう。

また、叱ることと怒ることも違います。子どもが反抗的な態度をとったら、親として注意すべきことは冷静に伝え、あとはいつまでもうるさく言わず、さっと引くというのを、とりあえずの定石にするといいかもしれません。

そして、親もいちいち根にもたず、すぐにいつもどおりの雰囲気に戻ることを意識するといいでしょう。

2 家庭のルールを守らない

「うちの息子ったら、門限は破るし、1日中ケータイをいじってばかりいて、親の話も聞いているんだか、いないんだか……」

中2のタイゾウ君のお母さんは、今日もため息をついています。

前の項目でもお話ししたとおり、思春期の男の子が反抗的な態度をとるのは当たり前のことであり、親としてはある程度見逃すことも必要です。

しかし、それと約束や家庭のルールを守らないということとは別。

思春期だったら、何をしても許されるというわけではないのです。

ここが思春期の男の子をもつ親の大変なところです。

家庭のルールを守らない男の子の潜在意識には、「好き勝手に楽をするのが大人だ」「約束や規範なんか破っても困ったことにはならない」という思いがあります。

しかし、家庭のルールや約束を守らないことを放置しておくと、多くの人からひんしゅくを買い、「信用ならない人」というレッテルを貼られる大人になります。

さらには、時間や約束、規則を守れない、だらしない大人にもなりかねません。

自分自身をコントロールすることも苦手になるので、生きること全般にわたり、セルフコントロール力の低い人間にもなります。

思春期の男の子は、基本的には干渉しすぎず、距離を置いて見守るくらいがちょうどいいのですが、けっして放任してはいけません。

親として教えなければならないことは、いくら反抗されようとも、きちんと教える必要があります。

まずは、家庭のルールをちゃんとつくりましょう。

門限、ケータイの使い方、食事のときのマナー、絶対に使ってはいけない言葉や、許されない態度、お金の使い方、家での役割――。

こうしたことについてはきちんとルールを決め、それを守らせましょう。

３ 親を脅したり、バカにしたりする

「もう、うちの息子ったら、自分の思いどおりにならないと、すぐにキレるんですよ」

ケイスケ君（中１）は、朝食に嫌いなおかずが出ていたり、お母さんがちゃんと新しい靴にヒモを通していないと、「お母さんのせいで、学校に遅れるだろ！」などとキレるそうです。

親が自分の思いどおりに動かないとキレる、自分の失敗を親のせいにする、自分が不機嫌なときに親にあたる……。

こうしたことは、思春期特有の反抗ではなく、ただのワガママです。

親が子どもをかわいがり、大切にしすぎたために、すっかり子どもにナメられている状態だと言えます。

最近は少子化のせいもあり、親が子どもに愛情を十分に注げるようになりました。

それはいいのですが、まるで子どもを小さな王さまのように扱う親も見られます。

子どもが小さなうちには、「ちょっぴりワガママな甘えん坊さん」ですみますが、思春期に入り、体も大きくなってくると、少しずつ事情は変わってきます。家庭によっては、親が子どもの感情におびえたり、顔色をうかがうようになってしまうのですね。

表向きは「思春期の息子とやさしい親」のように見えますが、内情は「裸の王さまと召使いたち」といったところでしょうか。

もともとは子どもかわいさに甘やかしたのが原因ですが、思春期に入る頃になると、立場が逆転し始め、無意識に子どものご機嫌とりのためにやさしくしたり、気を遣ったりしてしまうのです。

そうしてすっかり図に乗った子どもは、傍若無人に振る舞い、典型的な内弁慶になります。外では素直でおとなしい子なのに、家では自分の権力を振りかざすようになるのです。

中には、子どもに部屋を片づけるように注意すると、「お母さんなんか、お父さんの給料で食べている奴隷みたいなもんなのに、エラそうに言うなよ」と言ったり、「しっかり勉強しなくちゃダメだぞ」と父親から言われた際に、「はい、はい。勉強しないと、お父さんみたいに一生、安サラリーマンで終わるもんね」などと、完全に親をバカにした言葉を平気で投げかける子もいます。

また、定期試験で成績が下がると、「前日、お母さんがつくった料理を食べたことで、お腹の調子が悪くなったせいだ」などと、何でも親に責任転嫁するようになるかもしれません。

こうなると、親が子どもから脅され、傷つけられていると言っていいでしょう。子どもからのパワハラみたいなものです。

親を脅したり、バカにしたりする子どもの潜在意識には、「親は自分よりもバカでダメな人間だ」「自分は特別な人間なのだから、優遇されて当然だ」という勘違いが植えつけられています。

子どものこんな態度をすべて思春期のせいにしていると、大変なことが起こる危険性があります。

まず、ワガママ放題の人間に育ってしまった子どもは、学校や社会での厳しさや公平さに我慢ができず、リタイアし、引きこもりになり、大人になってもずっと、親のスネをかじり続けるようになるかもしれません。

もしかすると、うまい具合に就職しても、周囲とのコミュニケーションがとれず、転職を繰り返すかもしれません。

結婚しても、妻を親に見立てたり、召使い扱いして、暴力を振るうかもしれません。

大切な子どもがそんな悲しい人生を送るのは、親として耐えられないですよね。

だからこそ、親はしっかりと子どもとの関係性に向き合うべきです。

子どもが親の人格や尊厳を傷つけるような態度や言葉を発したら、どんなに反抗されようとも、しっかりと立ちはだかり、子どもの目を見て、叱ってください。

子どもが自分の失敗を親や他人のせいにしたら、同じように目を見て、たしなめてください。

人間として、きちんと叱責してやれるのは親だけなのです。

4 家庭内で暴れる、あるいは家庭内暴力を振るう

「いえ、そんな家庭内暴力なんていう大それたものではないです。時々、自分の部屋をぐちゃぐちゃにしたりするくらいなので……」

テルカズ君（中1）は最近、親に叱られたり、兄弟ゲンカをすると、自分の部屋の物を手当たりしだい、壁に投げつけたり、家具を倒したりするようです。

私の息子が思春期のときに使っていた部屋の壁には、穴があいていました。

おそらく小言を言う私に反抗して、どうしようもない怒りをぶつけたためにできた穴だったのでしょう。

その穴を見たときに、「果たしてこれは家庭内暴力なのだろうか？　それとも、思春期特有の行動の1つなのだろうか？」と悩んだのをはっきり覚えています。

結局、悩んだ末、壁の穴については息子に何ひとつ言及することなく、今を迎えています。

その後、思春期のお子さんをもつ親御さんたちのセラピーを多数するようになって、息子のような例は、さほど珍しくないということがわかりました。

ある意味では、これも大人へと成長していくうえでの通過儀礼のようなものなのかもしれない、と思ったものです。

では、家庭内暴力を疑うのは、どのレベルからなのでしょうか？

一概には言えませんが、暴れたために物が散乱したり、壊れたりということがしばしば起こるならば、対策を講じるべきでしょう。

家庭内で暴れる子どもの潜在意識には、「ボクはこんなに傷ついているんだ！」「ほら、こんなふうにボクが荒れると、心配でしょうがないだろう」という心の叫びがあるようです。

暴れているときには、親はオロオロせずに、ただ静まるのを待つことが大切です。

そして、少したってから、「こんなこと、よくないのはわかるよね。あなたの気持ちをちゃんと聞きたい」と向き合うのです。

もしも、話している間に、子どもが泣き出したら、静かに手を握り、心を抱きしめてあげましょう。

それだけで、子どもの気持ちがずいぶん静まることは間違いありません。

5 父親と対立している

「うちの主人はすぐに息子に手をあげるせいか、今では敵同士みたいになってしまって。もう、ずっと口をきいていないんです」

マコト君（中2）のお父さんは、怒るとすぐに怒鳴りつけたり、叩いたりします。お母さんは、そんなお父さんを止めることもできず、ただオロオロするばかりです。

思春期に入った男の子と父親の関係は複雑です。

今、まさに子どもから大人の男性に成長しようとしている思春期の男の子にとって、父親は同じ男性としての貴重なモデルであるのと同時に、超えるべき存在でもあります。

父親と対立する形をとることで、それを実現していくこともあれば、父親を尊敬しつつ、ほどほどに反抗することで、克服していくこともあります。

いずれにしても、この時期、息子は父親のことを1人の男性として見るようになります。

そして、そのような客観的な視点をもてるようになってこそ、徐々に親と自分を切り離し、アイデンティティーを確立させていけるわけです。

したがって、父親もまた、「子どもに1人の人間として評価されているのだ」という緊張感をもちつつ、子どもの見本となるように努力することが理想です。

しかし、中には、思春期の男の子以上に精神的に未熟な父親もいます。

たとえば、感情的になってすぐに怒鳴る、叩くなどは精神的に未熟な人特有の行動です。

そして、それは「しつけ」という名の虐待です。

当たり前のことですが、そんな親とは1人の人間として対立しますし、関係も悪くなるはずです。

さらには、精神的に未熟な父親をもつ子どもの潜在意識には、「自分はいないほうがいい存在だ」「自分は価値がない」という悲しい思いが植えつけられます。

もしも、父親が子どもに対して「しつけ」という名の体罰をしていたら、もう片方の親である母親がしっかりと子どもの心と体を守ってあげる必要があります。

そして、誰よりも大切な息子の心と体をこれまで守れなかったことを心から悔やみ、謝ってください。

6 親思いで、ほとんど反抗的な態度をとらない

「うちの子、すごくやさしくて、弟や妹の世話とか家の手伝いをよくしてくれるんです。え？　反抗期なんて、うちの子にはありませんよ」

タケフミ君（中2）は、女手1つで育ててくれている母親の手伝いをよくしてくれるばかりか、ほとんど反抗的な態度をとったことがありません。

やさしくて、お手伝いもよくするうえに、反抗もしないなんて、一見、うらやましく思える子どもです。

しかし、ただ安易に喜んでばかりはいられないかもしれません。

たしかに家の手伝いをよくしてくれるのはありがたいことですが、ただでさえ勉強や部活、友人関係などで忙しく、ストレスが多い思春期の男の子が、自分から進んでお手伝いをするのは、よほど大きな理由があるはずです。

また、本来ならば反抗的な態度をとって当たり前である思春期の男の子が、ほとんど反抗しないとは、これまた、発達心理学的にも心配です。

最近、反抗期のない子どもが増えていると言われています。

原因の1つとして、親と子どもがあまりにも密着しすぎていて、親に歯向かいたいという気持ちにならないことがあると思います。

本来、思春期の子どもにとっては、「親も1人の人間なのだ」という客観的な視点をもつことが大切です。

なぜなら、それによって親離れができ、子どもも1人の人間として、自立できるようになるからです。

その意味では、いわゆる反抗期は、自立のための準備期間とも言えます。

それが、昨今、物分かりのいい、親友のような親が増え、現実の友人たちよりもずっと自分を大切にし、都合よく守ってくれる「親ともだち」が増えてしまったことにより、反抗期がない子どもが増えているのではないかと思われます。

これは、親が精神的に大人になりきれていないことや、親として子どもと向き合うことを恐れ、子どもに好かれることを安易に選んだことが原因なのかもしれません。

怖いのは、反抗期をきちんと迎えられなかった子どもは、のちに深いレベルでの精神的自立が遅れる危険性が高い、ということです。

また、この事例のように、シングルマザーに育てられ、その苦労を見て育っていると、自然と親を助ける子どもになることが多々あります。

もちろん、これは悪いことではありませんが、親が子どもに知らず知らずのうちに依存して、甘えている場合には、子どもは自分の感情やニーズにフタをして、親の期待に応えようとするようになります。

そうなると、もはや子どもは自分のための人生ではなく、親のために自分の人生を使うことにもなりかねません。

もしかすると、親に苦労をかけたくないから大学に行かない、などという選択をすることも十分にあり得ます。

また、親が自分のかつて叶えられなかった夢を、自分の子どもを使って叶えさせようとしている場合も、子どもは反抗期を上手に迎えられないかもしれません。

親としても、まさか自分が子どもの人生を乗っ取っているとは思いもしないので、「おまえのためなんだぞ」「あなたのために」と、子どもの幸せを願う、いい親のつもりで子どもに接しています。

だから、子どものほうも親の期待に応えなければと努力します。

こうして知らない間に親の人生の一部に取り込まれてしまった子どもは、反抗する間もなく親の分身になっていきます。

親と分離するための反抗期がなくても当たり前ですね。

子どもが、ほとんど反抗せず、素直に親に従っていたら、もしくは親を助けていたら、そっと手放してあげることが大切です。

お子さんに自分らしい人生を歩んでもらうためにも、ぜひ、意識的に距離を置いてみてください。

7 両親が不仲であるか、別居または離婚している

「夫と離婚することになり、息子にどう伝えたらいいものかと悩んでいます」

カオル君（中2）の両親は離婚することになりました。しかし、そうでなくても反抗的になっている、思春期真っ盛りのカオル君がひどく傷つくのではないかと恐れているようです。

今や3組に1組の夫婦が離婚する時代です。

親の離婚と向き合う子どもたちの数も、それだけ多いということです。

離婚自体は悪いことではありませんし、しかたのないことです。むしろ、仲が悪い両親の間で緊張を強いられながら暮らしている子どものほうがかわいそうかもしれません。

私のクライアントさんの中には、親が自分のために離婚しなかった経験をもつ方がとても多くいらっしゃいました。

それらの方々のほとんどは、「自分のために親に我慢してほしくなかった」「親も自分らしい人生を選び、幸せになってくれたほうが、ずっとよかった」と子ども時代を振り返っています。

親が「子どものために」と離婚しなかった子どもの潜在意識には、「親は自分のせいで不幸になった」「自分が親を幸せにしてやらなければいけない」「自分は親の人生にとって足手まといな存在だ」という思いが根づきます。

親が心配するほど、子どもは弱くはありません。

もちろん、離婚しないに越したことはありませんが、子どものために離婚しないことは、子どもに親の人生の責任を負わすことにもなるのです。

したがって、もし子どものために離婚しないと決めたならば、夫（妻）との仲よく平和な関係を取り戻すことです。

それができないのならば、離婚してそれぞれが幸せな人生を歩み、その姿をしっかりと子どもに見せてあげるほうがはるかにいいでしょう。

たとえ子どもを引き取れず、別々に暮らすことになったとしても、子どもにとっての父親、母親はあなた1人だけです。

あなたは死ぬまで一生、子どもの親としての責任があるのです。

離れていても、子どもはしっかりとあなたの生きざまを見ています。

そして、それが知らず知らずのうちに子どもの人生に影響を及ぼします。

だから、あなたはたとえ子どもと離れていても、いつ子どもに見られても恥ずかしくないような生き方をする必要があります。

それが親としての責任です。

また、子どもにとって何よりつらいのは、親が離婚することではなく、親同士がいがみ合っていたり、片方の親がもう一方の親の悪口を言って聞かせることです。

あなたにとっては離婚して、他人になりたいほどの相手であっても、子どもにとっては、この世でたった1人の自分の父親であり、母親です。

両親が憎しみ合っている姿は、まるで自分の存在を2つに裂かれるような感覚にさせてしまうことでしょう。

たとえ、心では憎んでいても、子どもの前でそれを表に出すのはやめてください。

それをされると、子どもは血を分け与えてくれた、片方の親を憎まなくてはならなくなります。

なお、離婚する際には、「お父さんはお母さんと離婚することになったんだ。本当にごめんな。でも、おまえのお父さんとお母さんであることはずっと変わらないからな。別々に暮らしていても、いつも心配しているし、愛しているよ。いつでもお父さんにも会えるよ。お父さんもお母さんもおまえが幸せになるために、これからもずっと協力していくつもりだからね」と言って、できればギュッと抱きしめてあげてください。

もちろん、好きなだけ泣いてもけっこうです。

子どもへの愛は、思っているだけでは伝わりません。表現して初めて、伝わるものです。

さらに、子どもは本心ではけっして親が不幸になることを望んではいません。

離婚後、あなたが結婚していたとき以上に輝き、幸せでいてくれたら、子どもは安心して、自分の道を進むことができるはずです。

ぜひ、「私自身、あらためて幸せな人生を歩もう」と決意してほしいと思います。

親であるあなたへのメッセージ

子どもの思春期は、親にとっては一番の試練の場です。

「親って大変。まるで思春期の子どもは、つねに親の力量と愛情を試しているかのようだ」

かつての私は、そう思っていました。

しかし、今では、「親ほど幸せな仕事はない」と確信しています。

どうか、あなたには先取りして、そう感じていただけたらと思います。

◆子どもの「最後の砦」になれていますか？

人間の子を1人、1人前に育てるのは、本当に大変です。

思えば、子どもを出産した翌日から私の試練は始まりました。

授乳して、そっと寝かせようとすると、火がついたように泣き出す赤ん坊。

ため息をついて、また授乳を始める。

結局、朝まで一睡もできず、ボーッとした頭で「あーあ、あと何年くらい、こんなつらい日々が続くのかな。1年？　3年？　成人するまでだから20年？　無理だよ……。お腹に戻せたらいいのにな」と真剣に考えていました。

あれから数十年がたち、振り返ってみると……。

まだまだ親としての試練は続いています。

しかし、もはやあの頃のように「お腹に戻したい」とは思いませんし、つらいとも思わなくなりました。

それだけ親として成長したということなのかもしれません。

今、私は「親年齢」というものがあるかなと思っています。

たとえば、1歳の子の親は親年齢1歳。

18歳の子の親年齢は18歳です。

5歳と3歳の2人のお子さんの親年齢は合計して8歳です。

そう考えると、子どもを産んだばかりの私の親年齢はまだ0歳。

幼稚なことを考えていても当たり前です。

2人の子どもを育て、親年齢がもうじき還暦を迎える私からあなたへのメッセージは、次のようなものです。

愛していることを、きちんと子どもに伝えることさえできていれば大丈夫。

子どもですから、いろいろと失敗もすれば、どうしようもない困ったことも起こすかもしれません。

でも、愛されていることをきちんと心の奥深くで感じている子は、結局しっかりと生きられます。

親に愛されている自信のある子は、人生で本当に困ったとき、どうにもならないときに、親に助けを求められます。

そのときこそ、全力で助けてやればいいのです。

それが、子どもにとっての最後の砦です。

最後の砦がある人間は、失敗を恐れずチャレンジする勇気をもっています。

その意味では、私たち親の究極の役割は、生きている間中、子どもにとっての最後の砦になってあげることなのかもしれません。

◆親が子ども時代に受けた心の傷を癒す

子どもは本来、親に愛され、大切にされ、守られながら育つものです。

でも、残念なことにすべての子どもたちが幸福な子ども時代を送れるわけではありません。

●あなたのご両親は、あなたを全力で愛し、守ってくれたでしょうか？
●あなたは、心から親を信じ、子どもらしく身や心を委ねていられたでしょうか？
●あなたは、父親からどんな影響を受けたと思いますか？
●同じように、母親からはどんな影響を受けたでしょうか？
●そして、それらはこれまでのあなたの人生にどんな影響をもたらしたでしょう？

あなたの心の奥深くにいる、小さな子ども時代のあなた（インナーチャイルド）は、まだ膝を抱えてそこにいるかもしれません。

誰にも気づいてもらえず、泣きもせず、ただじっとあの頃のまま……。

どうぞ、イメージしてあげてください。「小さな自分」を。

そして、「本当はお父さんにどうしてほしかったの?」「本当はお母さんに何て言ってもらいたかったの?」と問いかけてください。

それに答えてくれたら、「そうだよね。よく言ってくれたね。どうもありがとう。じゃあ、私がそれをしてあげるね。いい?」と言ってあげてください。

あなたのインナーチャイルドが十分に満足するまでそばにいてあげたら、今度はイメージの中で、そっと「小さな自分」を膝にのせ、ギュッと抱きしめてあげましょう。

そして、赤ん坊のように背中をなで、揺らしてあげるのです。

もしも、あなたの頬が涙で濡れていたら、それは、インナーチャイルドの流した涙です。

「いくらでも、泣いていいんだよ」と言ってあげてください。

そう、あなた自身だって、ときにはうんと癒されて、甘えていい存在の人なのです。

子どもとの関係性を豊かにする〝もしもの質問〟

〝もしもの質問〟は、ただ答えようとするだけで、親である、あなたの潜在意識を刺激し、お子さんとの関係性がより豊かになるためのヒントが得られます。


「もしも、あなたが突然、天に召されたとします。

すると神さまの特別なはからいで、お子さんが亡くなるまでの間、3回だけ、お子さんの誕生日の夜に夢の中で会えるようにしてくれました。

あなたはお子さんの何歳の誕生日の夜に、夢で会いますか？

そして、何を伝えますか？」

ちょっと悲しい質問でしたね。

「まず、次の誕生日に会って、しっかり勉強するように伝えなきゃ」

「20歳の誕生日に会って、『ちゃんとした人と結婚するのよ』と言うかな」

「60歳の誕生日に会って、『老けたわねえ。体、大事にしなさいよ』と言う」

などなど、いろいろ考えてしまいますよね。

私は息子が中2のとき、大病をし、死を覚悟しました。

そのときにしみじみ思ったのは、「ああ、せめて事故で急に亡くなるのではなくてよかった」ということでした。

しかし、世の中には不慮の事故や災害で、ある日突然、愛する家族と別れなくてはならないケースに陥ることもあります。

もちろん、そうならないほうがいいに決まっていますが、病気をしてからは、子どもたちが出かけるときや、自分が出かけるときに「これが最後のお別れになるかもしれない」と思うようになりました。

すると、ケンカをしていても「気をつけて行ってらっしゃい」と言えるのです。

お子さんとの関係に悩んだとき、今のお話を思い出していただければ、と思います。

第5章

不登校も非行も、すべて子どものSOSです

——危険行動の問題

ここで取り上げた7つの問題行動については、どれ1つとして、悠長に見守っている余裕などないものです。

どれもこれも子どもの心や命、人生に大きくかかわるものばかりです。

親として、しっかりと対処してあげましょう。

1 ケータイやスマホ、ゲームに依存しすぎている

「食事のときも寝るときも、肌身離さずスマホをもち歩いているんですよ。知らない人ともオンラインゲームでつながっているみたいで……」

ヒトシ君（中2）は、1日中、スマホで友だちと連絡を取り合っているだけでなく、オンラインゲームで知り合った友だちもたくさんいます。

いまやケータイやスマホは、思春期の子どもにとって友だちとつながるための必須アイテムです。

親との関係よりも、友だちとの関係を重要視する思春期の子どもにしてみれば、友人とのつき合いは、学校や塾での居場所確保のために欠かすことができない大切なもの。

現代の子どもからケータイやスマホを安易に取り上げるわけにはいかないでしょう。

とはいえ、ケータイやスマホをもたせることの危険性を無視することはできません。

オンラインゲームやネットの出会い系サイトなどで簡単に知らない人とつながり、犯罪に巻き込まれる危険性もあるからです。

また、手軽にやりとりできるＬＩＮＥのグループは、仲間外れやいじめの温床にもなり得ます。来たメッセージに間髪入れずに返信するのがいい友だちの証なので、子どもたちはそれこそスマホを四六時中もっているわけです。さらにＬＩＮＥは「既読」かどうかがわかるようになっているので、そのプレッシャーは半端なものではないはずです。

スマホやゲームに依存する子どもの潜在意識には、「家族はわかってくれない」「誰かとつながりたい」という寂しさがあります。

もちろん、思春期の男の子が家族とのつながりを求めていないわけではありません。小さな子どもの頃のようにベタベタしたスキンシップではなく、日常のさりげない会話や、ときとして真剣な親子のディスカッション、また、いつも温かく見守る視線などを潜在的には求めているのです。

また、スマホやゲームの使い方についても、ある程度、親が管理する必要があります。使用時間や、その友だちの親の前で言えないことはＬＩＮＥでも言わない、暴力的なゲームはしない、食卓にスマホはもち込まないなど、最低限のルールを設定しましょう。

2 子どもが不登校になってしまった

「もう3カ月も学校を休んでいるんです。これじゃあ、高校に入学できないのではないかと心配で……」

トモアキ君（中2）は、2学期になってから、ずっと学校を休んでいます。今ではすっかり昼夜逆転し、夜中にゲームをしたり、マンガを読んだり、少しだけ勉強もしているようです。

子どもが不登校になったら、親はまずオロオロし、「何とか今までどおり学校に通えるようにしなくては」と焦ります。

しかし、私のこれまでのセラピー体験からすると、親が心配すればするほど、子どもは学校に行けなくなるので注意が必要です。

親だって仕事をさぼりたいときがあるように、子どももまた、親と同じように学校をさぼりたいときもあるでしょうし、本当に何かの病気なのかもしれません。

少しでも心配な症状があれば、まずは病院で検査を受けさせてください。

また、最近の子どもに多いのは、「試験勉強をするために休みたい」と言うことです。

ついうっかり、「あら、エラいわね。じゃあ、休みなさい」などと言ってはいけません。

たしかに子どもは試験勉強をしようと思っているわけですが、定期試験や模擬試験のために学校を休むのは本末転倒です。

そんなことをしていい点数をとっても、長い目で見れば大した意味はありません。むしろ試験勉強ができなくて悪い点数をとるという失敗の経験をさせることのほうが大事です。

したがって、そんなときには「試験勉強のために学校を休んではいけない。そのために悪い点数だったとしても、その体験を次の試験に活かせばいいよ」と教えてあげてください。

親が子どもを甘やかしたり、子どもに対しておびえていたりすると、子どもはそれを察して、親をいいように振り回します。

実際、現代の社会問題の1つである、大人になってからの引きこもりもまた、過保護や甘やかしが原因の1つになっています。

ちなみに不登校になってしまう子どもの潜在意識には、「外の世界は恐ろしい」「親以外の人は自分を傷つける」「大人になるのはやめて、ずっと子どもでいよう」という思いがあります。

だから、親には子どもをただ甘やかすのではなく、手放す覚悟が必要です。

基本的に学校には遅刻をせずに毎日、通う——。

これが当たり前です。

まず、親は親らしく毅然とした態度で、ダメなことはダメと言いきりましょう。

さて、実際に不登校になった子どもには、大きく分けて2つのタイプがあります。

1つは、学校には行けないけれども、塾や習いごと、家族や友だちと出かけることはできるタイプ。

もう1つは、家からほとんど出ず、引きこもっているタイプです。

前者の場合は、クラス替え、高校進学など何かのきっかけがあれば復帰できるでしょう。

ただし、後者の場合は少々やっかいです。

もしかすると、そのままズルズルと何年も、引きこもり続けるかもしれません。

不登校になった子どもは、焦りと罪悪感を抱いています。

できれば、「学校に行くのか行かないのかは自分で決めなさい」と選択させてあげてください。

もし、「行きたいけど行かない」と言ったら、行ける方法を一緒に探してあげましょう。

そして、それが見つかるまでは、「今は行かない」と自分で言わせてあげるのです。

実際、「行けない」のと「行かない」のとでは、まったく違います。

子どもは自分で「行かない」と決めたのですから、前向きな不登校と言えます。

そんなときは、子どもに「そうか、じゃあ前向きな不登校だね、今は」と言ってあげてください。

子どもが不登校になったのには、必ず何らかの原因があります。

もしも、その原因がいじめや心、体がおびやかされる危険性のあるものならば、今は休むときなのです。無理して学校に行かせる必要はありません。

家庭では、できるだけ居心地よく、リラックスしてすごせるようにしてあげてください。

もちろん、昼夜逆転するなど、けじめのない生活をさせないのが大前提なのは言うまでもありません。

3 年下の子や小さな生き物をいじめる

「まあ、昔から虫の羽根をちぎったりすることはありましたが、近所の小学生に威張っていることとは関係ないと思います」

アキオ君（中2）は、近所の小学生たちのボスみたいな存在です。

もしも、子どもがおとなしく、同級生同士の間柄ではむしろ従属型なのに、家に帰ってからは年下の子や後輩とばかりつき合っているようなら、少し注意が必要でしょう。

親からしてみれば、「年少の子たちの面倒を見てあげてエラいわね」と言いたいところですが、もしかすると、同年代の子からはバカにされたり、支配されたりしていて、そのうっぷんを自分より年下の子たちに向けている可能性もあります。

年下の子や小さな生き物をいじめる子どもの潜在意識には、**「弱いものはやられて当然だ」「ストレスを感じたら、自分よりも弱いものを痛めつけるとスッキリする」**という間違った思い込みがあります。

その場合は、親が子どもに暴力的に接していることはなかったか、また、夫婦間でＤＶがなかったか、さらにゲームや映画などで暴力的なシーンが多いものを与えていなかったかと振り返ってみてください。

なぜなら、小さな頃から日常的に暴力行為を見聞きしていると、子ども自身も暴力的になる傾向があるからです。

また、昆虫や鳥、猫、犬などの小動物をいじめたりするような傾向が見られたら、さらに注意が必要となります。

たしかに子どもが小さな頃なら、アリを踏みつぶしたり、昆虫の羽根をちぎったりすることもあるでしょう。

しかし、小学校の中学年以降もそのような行為をしているとしたら、場合によっては心の領域の専門医に診てもらう必要があるかもしれません。

いずれにしても、年下の子や小さな生き物をいじめているような場合は、危険信号がともっています。

親として、毅然とした態度で接するようにしてください。

4 万引き、夜遊びなど非行に走っている

「あの子が万引きしたなんて信じられません。きっと悪い友だちにそそのかされたんです」

トモアキ君（中3）はコンビニでプリペイドカードなどを万引きし補導されました。最近、評判の悪い友だちとつき合っているのが原因だと親は思っています。

一昔前は、万引き、夜遊び、かつあげ、シンナーなど非行に走る子は、服装も髪型も明らかに普通の子とは違う、いわゆる「不良」と呼ばれる子たちだけでした。

しかし、現代では「不良」という言葉さえ死語になっているほど、見るからに悪そうな子は見当たらなくなってきました。

とはいえ、依然として少年の非行は社会問題となっていますし、重大少年犯罪の低年齢化は食い止められていません。

現代の少年の非行の特徴としては、ごくごく普通に見える子どもたちが家出、喫煙、飲酒、違法薬物、夜の徘徊、万引きなどの問題行動を起こしていることがあげられます。

ちなみにその子どもたちの家庭環境がどうかというと、以前の不良たちのように、親からの虐待や家庭内不和、経済的貧困などといった、わかりやすい問題があるというわけではありません。

もちろん、そのような問題があると、子どもの非行率は高くなります。

しかし、現代では一見、家庭には何ら問題がないように見える子どもたちまで問題行動を起こしてしまうのです。

では、私たち大人には、なすすべがないということなのでしょうか？

いいえ、そんなことはありません。

そこに潜む原因に気づき、対処することは可能です。

原因は、もしかすると、子どもよりも自分の生きがいや自己実現を優先する親の生き方なのかもしれませんし、自分の幸せや人生の責任までも、知らず知らず子どもに背負わせる親の身勝手さなのかもしれません。

どちらの場合にも言えるのは、バランスが悪いということです。

子どもは親からゆるぎない愛情を受け、「何があっても帰る場所がある」という安心感がもてるからこそ、自分を大切にしつつ、新たなチャレンジを繰り返すことができます。

親から肌で、言葉で、態度で愛情をかけられた子どもは、「自分は大切な存在なのだ」と実感しています。

と同時に、「自分以外の人間もまた、大切な存在なのだ」ということを自然と悟ります。

だから、思春期になって多少ハメをはずすようなことはあっても、けっして自分や他人を傷つけるようなことはしません。

一般的に、非行に走る子どもたちの多くは、親との関係性に問題を抱え、かつ自己肯定感が低いという傾向があります。

表向きは威勢よく、ワルぶっていても、潜在意識には悲痛な心の叫びが鳴り響いているのです。

それは、「どうせ自分なんて大したもんじゃない」「どうせ誰にもわかってもらえない」「大人なんか信用できない」というものかもしれません。

そして、さらにその奥底には「こんなにダメなことをしている自分を、さすがに親も放ってはおけまい」「こうして自分を傷つけることで、自分を愛さなかった親に復讐してやる」「寂しい」という悲しい本音があります。

親としては、こんなときこそ子どもの心と向き合い、その悲痛な叫びを受けとめ、抱きしめてやらなければなりません。

それには、「子どもが帰ってきたときに、ほっとする家庭ってどんな感じかな？」と想像してみてください。

非行に足を踏み入れている子どもの顔を見れば小言や嫌み、泣き言ばかり言っているというのでは、どんどん家に寄りつかなくなります。

ダメなことはダメと、言うべきことはしっかり言って、あとは子どもが帰ってきたときには、いつでもだまっておいしいご飯を用意してあげましょう。

それが子どもの心を抱きしめる1つの方法になるかもしれません。

5 他人の目を異常に気にする

「ちらっと見ただけで、『何見てんだよ、見るんじゃねえよ！』なんて言うのよ」

ヤスヒロ君（中2）は、自分の外見がとても気になるようです。朝も念入りに髪をセットしています。そのくせ、急に家族に「何見てんだよ！」などと威嚇してきます。

思春期の子どもは、とかく他人から自分がどう見られるかを気にするものです。

だから、髪型や服装などに急に気を遣うようになりますが、それは今まさに「自我」を形成している渦中の彼らにとっては当たり前のことです。

しかし、自分の外見がどう見られるかとい

うことにとらわれすぎているようなら要注意。

なぜなら、醜形恐怖症や対人恐怖症などの心の病気になることもあるからです。

醜形恐怖症は、自分の外見が醜いという思い込みにとらわれている病気です。他人から見ると、何も気にならない程度の容貌であるのに、本人は耐えられないほど醜いと感じ、マスクで顔を隠したり、引きこもりになったりすることもあります。

中には美容整形を受けても満足できず、何度も手術を繰り返す人もいます。

対人恐怖症は、自分が他人にどう見られるかを異常に気にするため、赤面、発汗、震えなどの症状が出て、最終的には引きこもりになる可能性まである病気です。

たいていは成長するにつれ、症状は緩和していきますが、少数の人は大人になってからも悩み続けます。

いずれも、潜在意識には、「ありのままの自分では受け入れてもらえない」「自分はどこか変だ」「自分は他人よりも劣っている」「他人は信用できない」という思いがあります。

そして、これらもすべては自己肯定感の低さが原因です。

その背景には、小さな頃からの虐待、過度に厳しいしつけ、親の過干渉などがあります。

親は一生懸命、育てているつもりでも、子どもがほしい愛情、承認を表現できていなければ、子どもには伝わりません。

今からでも遅くはありません。

たくさん子どもを認め、ほめ、ときにはさりげないスキンシップをしてあげてください。

そして、ありのままの子どものすべてを受け入れていることを言葉や態度で表現してあげるのです。

また、男の子なのに、何だか女の子っぽかったり、女の子の服装やもち物に興味を示すなどといったこともあるかもしれません。

親は何とかして男の子らしくさせようとするかもしれませんが、今ではＬＧＢＴ（53ページ参照）である人は13人に１人もいます。

これは、病気や嗜好的なものではなく、生まれつきのものであり、治そうとしても治るものではありません。

親として簡単には受け入れられないという気持ちはよくわかりますが、子どもの魂本来のセクシャリティーを否定することによって、子どもは自分の存在や、その後の人生そのものまで否定されたように感じてしまいます。

そして、そうした子どもの潜在意識には、「ありのままの自分を親は愛してくれない」

「自分を表現してはいけない」「楽しんではいけない、幸せになってはいけない」というメッセージが植えつけられます。

だから、もしも「あれ？　うちの子、おかしいかも？」と思ったとしても、まずは子どものすべてを受け入れ、愛しきってください。

そして、子どもにとっての最大の味方でいてあげてください。

また、セクシャリティー以外のことであっても、子どもが他の子どもとは違う行動を見せたときには、まず、それが病的なものなのか、気質的なものなのかを見極める必要があります。

それが気質的なものであるならば、ありのままを受け入れて、愛していることを子どもに伝えてあげてください。

もしも、病的なものかもしれないと感じたときには、早めに専門機関に相談し、その原因を探りましょう。

もちろん、その際に親がすることは、やはり同じです。

ありのままを受け入れ、心を抱きしめ、愛していることを、ただひたすら伝えてあげるのです。

6 自分の命にかかわるような言動をする

「息子のノートに『死にたい』という走り書きを見つけました」

中2のトシオ君は、最近、友人関係や成績のことで悩んでいるようです。

子どもが「死にたい」と言ったら……。

親としてこんなにも焦り、不安に思うことはありませんよね。

本気ではないんだろうと思う反面、「もしも、発作的に死のうとしたら」などと考えたら、いてもたってもいられなくなることでしょう。

まず、ノートへの走り書きを見つけた場合には、いきなり親が熱くなって「ちょっと、あんた何考えてんの！」などと言ってはいけません。

子どもは、けっして親に本音を話してくれなくなるでしょう。

ひっそりと子どもの様子を観察して、ゆっくりと落ちついて話せる機会をうかがってください。

そして、何かの折りにさりげなく、「お父さんはね、おまえくらいのとき、つらくて、死にたいと思ったことがあるんだよ」などと、自分の体験談を切り出してみましょう（もちろん、この際には多少の演出も必要かもしれません）。

もしも、直接「もう死にたい」などと子どもが言ってきたら、茶化したり、怒ったりせずに、ちゃんと向き合い、「今、すごくつらいんだね。どうしてそんなふうに思うのかを聞かせてほしい。そして、お父さんやお母さんを信じてほしい。一緒に戦わせてほしい」と伝えてください。

そして、「誰が何を言っても、どんなときでも、お父さんやお母さんはあなたの味方だよ」「命がけであなたを守る」ということを、子どもの目を見ながら、手を握りながら伝えてあげるのです。

泣きながらでもかまいません。

こうして本気でお子さんの心を抱きしめてあげることができたら、きっとお子さんの心と命をつなぎとめてあげられることでしょう。

7 リストカットなどの自傷行為をしている

「息子の腕の内側に切りつけた痕がたくさんあるのを見つけました。他にも足の爪を半分くらいまで切り込んでいるんです！」

中1のヒロト君のお母さんは、もうどうしていいかわからなくなっています。

以前からリストカットをする子は多くいました。

最近ではリストカットの他に、足の爪を肉が出るまで切り込んだり、頭を壁に打ちつけたり、髪の毛を抜いたりと、自分を痛めつける方法もさまざまになっています。

私のクライアントさんでリストカットをしている子は、「腕を切っていると、気持ちがスーッとする」と言いました。

頭を壁に打ちつけている子は、「『どうせわかってもらえないんだろ』って気持ち」と言い、爪を切り込む子は、「ちょっとずつ爪を切り込んでいくたびにすごく痛いんだけど、何だか落ちついてくる感じ」と言いました。

まるで自分を痛めつけることで、安心感や一時の生きている実感を得、誰にもわかってもらえない心の叫びを解消しているかのようです。

自傷行為をする子の潜在意識には、「自分なんかこの世にいても意味がない」「消えてしまいたい」「こんなに傷ついている自分に気づいてもらいたい」「誰かに止めてもらいたい」という隠れた思いがあります。

子どもの自傷行為を見つけると、「お前、何やってんだ！　そんなバカなこと、すぐやめろ！」などと怒り出す親も多くいます。

しかし、怒っても何の意味もありません。

自傷行為は、子どもからのSOSです。

怒るのではなく、むしろ泣きながら「つらかったんだね」と心の傷を抱きしめてあげてください。

そして、子どもが抱えている今の問題に、ともに向き合ってください。

なぜなら、多くの場合、親の振る舞いや生き方がその原因だからです。

これは本当に大切なことなので、よく覚えておいてください。

親であるあなたへのメッセージ

ここまでをお読みになり、「何でもかんでも親の責任にするな」「自分は親としてダメだ」などと思われた方がいらっしゃるかもしれませんね。

たしかに子どもの問題の多くは、親に原因があります。

しかし、親だって人間です。完璧な親なんて、この世に1人もいません。

どの親も何かしら問題があり、失敗しているはずです。

では、どうしたらいいのでしょう?

◆勇気を出して自分の思いを伝えてみよう

ここで、私自身のことについてお話ししてみたいと思います。

私はかつて、本当にダメ親で、子どもにはずいぶん苦労をかけました。

そのことに気づいてからは罪悪感でいっぱいになり、親としての自信を失いました。

しかし、開き直るわけではありませんが、あるとき、ふと思ったのです。

「たしかに私はダメな親だけど、私以上に子どもたちのことを愛している人間はこの世にいないということだけは間違いない。でも、このことを、ちゃんと子どもに伝えてきたかなあ……」

そこで私は、多少は恥ずかしくても、そのことを伝えるように努力してみました。

とはいえ、欧米人のように「愛しているよ」と、気軽に言うことなんてできません。

だから、「世界中で一番大切な存在だよ」と伝えるようにしました（これでも十分に恥ずかしいのですが）。

すると、少しずつ子どもたちとの関係性が変わり始めたのです。

親である以上、子どもにしてやらねばならないことは、たくさんあります。

しかし、「はじめに」でもお伝えしたように、私は基本的には、２つのことを押さえておけば、たいていのことは大丈夫だと思っています。

１つは、この世の誰よりも子どもを愛しているということを伝えること。

もう１つは、親自身が親であることを楽しみながら、幸せに生きている姿を見せることです。

この2つができていれば、子どもは、そう大きな問題行動には至らず、また、たいていの問題行動も遅かれ早かれ改善すると思います。

どんなに反抗的な子どもであっても、親の健康や幸せを願っていない子はいません。

また、手が離れてからも子どもは親が生きている間中、ずっと親がどのように生き、死んでいこうとしているのかを見続けています。

それはたとえ、離婚して遠く離れて暮らしていようとも、です。

そして、その親の生きざまは子どもの潜在意識に、「人はこのように生き、死んでいくのだ」というメッセージとなって伝わり、子どもの人生にも影響を及ぼします。

思春期の男の子の親であるあなた。本当に大変な時期ですね。

でも、どうぞお子さんに言葉や態度で自分の愛情を伝えてください。

そして、あなたも、さらに豊かで、幸せな人生を目指してほしいと思います。

◆親が子ども時代に受けた心の傷を癒す

あなたは自分が好きですか？

あなたは今、幸せですか？

あなたは今、自分らしく生きていますか？

あなたは自分の人生に心から満足していますか？

あなたはいい親ですか？

以前の私は、この5つの質問すべてにはっきりと「NO！」と答えていました。

私は自分が嫌いでしたし、いつも不幸だと思っていました。自分らしい生き方も見つけられませんでしたし、人生に満足していないし、ダメ親でした。

しかし、子ども時代の心の傷を癒していくにつれ、5つの質問に1つずつ「YES」と答えられるようになっていきました。

まずは、イメージの中で、子ども時代のあなたを思い浮かべてください。

その子の親になってあげることはできますか？

もし、それができたら、あなたはどんなふうにその子を育てますか？

イメージの中で育ててみてください。

もしも、あなた自身がその子の親になる自信がなければ、誰だったら親にふさわしいでしょうか？

現実の世界にいなければ、小説や映画などの世界でもかまいません。

その人に親になってもらい、「その人だったら、こんなふうに育てるだろう」と思われることをイメージの中でしてもらってください。

あなたは本来、このように全面的に愛される存在です。そして、とても価値がある人です。

なぜなら、あなたは将来尊い命を授かり、人類最高の役割である、親になるのですから。

あなたの赤ん坊はこの世の誰よりもあなたを愛し、信頼し、あなたからの愛を求めています。

あなたは親としての喜び、1人の人間としての幸福を感じる人生を選ぶことができます。

その子の気持ちが落ちついてきたら、あなたは潜在意識の中にいる自分のインナーチャイルドを1人救ったことになります。

その子がそのまま、あなたにとっての理想の親に育てられ、育ったところを想像してください。

そして、あなた自身が小さな赤ん坊の親になった日を思い出してください。

きっと、あなたとあなたのお子さんの未来への展望が開けてくることでしょう。

子どもの問題行動を改善する〃もしもの質問〃

〃もしもの質問〃は、ただ答えようとするだけで、親である、あなたの潜在意識を刺激し、お子さんを問題行動から遠ざけ、問題を改善するためのヒントが得られます。

「もしも、お子さんの命があと3カ月だとしたら、あなたは何をしてやりたいですか？
また、謝りたいことはありますか？
どんな言葉を伝えたいですか？」

親としては、最も答えを考えるのがつらい質問でしょう。

「貯金を全部おろして、息子のやりたいことを全部やらせる」

「親として至らなかったところを謝り、世界旅行に家族で出かける」

「最後の1日まで、できるだけいつもどおりにすごさせてやりたい」

などなど、考えるだけで涙が出てきますね。

私はセラピストという仕事を通して、クライアントさんの人生にかかわってきた経験から、人間の最大の悲しみは子どもに先立たれることだと実感しました。

そこで、あえてのこの質問です。

自分より先に子どもが死ぬなんて、あまりにもつらすぎます。

多くの場合は、順番どおりに親が先に逝きます。

だから、私たち親は日頃、そんな安心感にあぐらをかいているところがあります。

しかし、子どもを亡くすことを想像しただけで、いかに子どもが今、生きていてくれることがありがたいことなのかを実感できます。

どうぞ、この質問で出てきた答えを、今、お子さんに伝えてあげてください。

終章

思春期の男の子に親が与えるべき5つの力と、してはいけない11のこと

将来、お金も成功も、そして健康も愛も手に入れ、豊かで満足な人生を手にする男性になるためには5つの力が必要です。また、親が子どもの足を引っ張るようでは困ります。そこで、親がしてしまいがちな11のこともあわせてご紹介します。ぜひこれからお話しすることを参考に、愛する息子さんの輝かしい未来をバックアップしてあげてください。

1 思春期の男の子に親が与えるべき5つの力

① 自分を大切にする力

いくら高学歴を獲得し、いい職業に就いて、お金をたくさん稼げるようになったとしても、働きすぎて心や体を壊したら、元も子もありません。

また、家族や周囲の人たちとの関係が良好でなければ、真に成功し、幸せな人生を手に入れたとは言えないでしょう。

日本での自殺率は、女性よりも男性のほうが毎年、大きく上回っています。

だからこそ、まずは自分を大切にする力を育んでおかなければなりません。

そのためには、男の子の悲しみや不安などの感情を親が受け止め、休むことの大切さを教える必要があります。

その際、男の子のモデルとなるのは、父親です。

お父さん、ご自分の体を大切にしてください。

家族を守るための仕事も大切ですが、ぜひゆっくりと養生したり、楽しんでいる姿を息子さんに見せてあげてください。

②考える力

人生は、もともとがデコボコ道です。

だから、つまずいたり、穴に落ちたりすることなどしょっちゅうあります。

大切なのは、そのときにどうするかを考える力があるかどうかということです。

失敗したり、落ち込んだときに、どうするかを考え、自分が望む方向に向かうための選択肢を複数もてるかどうかによって、成功する可能性は高くなったり、低くなったりします。

その意味で、考える力は生きる力そのものと言えるかもしれません。

子どもの考える力を伸ばすには、親が過保護、過干渉にならないということが大切です。

日常の小さなことならば、あえて子どもに決めさせてください。

自分で決めたことに責任をもたせ、親はただ、見守ってあげるのです。

そして、もし、失敗したならば、次にどうするかをまた考えさせてください。

③ 挫折から立ち上がる力

先にお話ししたように、人生はデコボコ道なので、つまずいたり、穴に落ちることなどしょっちゅうあります。

そのときに、再び自分の力で立ち上がり、歩き出せる力があるか？

これも、とても大切な力です。

どんなに強く、たくましい子でも、ポキッと折れてしまったら、それでおしまいです。

だから、しなやかにしなる柔軟性がほしいところです。

その柔軟性を身につけるには、先にお話しした考える力とともに、失敗を恐れない、打たれ強さが必要です。

そのためには、子どもにできるだけ失敗させましょう。

親が子どもを可哀想に思い、子どもの行く手の障害物を取り除いているようではいけません。

失敗するだろうと思われても、あえて失敗させるのです。

失敗することによって、子どもは成功する方法を学びます。

そして、そこから1人で立ち上がり、再び方向性を定めることを学ばせてください。

④セルフコントロール力

将来、仕事でもプライベートでも成功する男性になるために、絶対的に必要なのが、セルフコントロール力です。

やりたいのにできない、やりたくないのにやってしまう……。

こういうことが多々あると、自分で自分の人生をコントロールできない大人になってしまいます。

たとえばタバコ、お酒、薬、異性関係、仕事、運動などがコントロールできないと、健康や人生に支障をきたします。

また、感情も同じです。

怒りや不安などをコントロールできないと、上司や部下、妻や子どもとも良好な関係を築きにくくなります。

とはいえ、思春期の子どもには、あまり口うるさく小言を言い続けるのも得策ではありません。

したがって、まずはしっかりと親と子どもの間でルールを決めて、それだけは何があっても守るようにさせ、あとは基本的には見守る形をとるのがいいでしょう。

⑤コミュニケーション力

人生で成功するのか？

失敗するのか？

それともどちらとも言えない平凡な人生を送るのか？

それを決めるのは、コミュニケーション力の有無にかかっていると言っても過言ではないかもしれません。

なぜなら、人を上にもち上げてくれるのも人ならば、足を引っ張るのも人だからです。

上司や取引先にかわいがられ、部下に慕われ、友人に信頼され、妻に愛され、子どもに尊敬される――。

そんな男性ならば、人生で成功するに決まっています。

そのためには、人の心や立場を思いやれる共感力と想像力、そして、思いやりを示せる表現力が必要となります。

ぜひ、ことあるごとに、「○○君はどんな気持ちだったんだろうね」「もしも、こんなとき、あなたなら何て言う?」などと問いかけたり、親の気持ちを素直に伝えるなどして、コミュニケーションをとってください。

そうすれば、お子さんのコミュニケーション力は自然と上がっていくことでしょう。

② 思春期の男の子に親がしてはいけない11のこと

① 子どもを大切にしすぎる

少子化の影響や親の精神性の幼稚化により、現代は子どもをとても大切にするか、もしくは放任するかという両極端な親が増えています。

子どもを大切にするのは、とても素晴らしいことです。

しかし、親が子どもを溺愛するあまり、何でもかんでも手を焼いて、勉強や習いごと以外、何もできない子にしてしまったりする例

も多くあります。

それは、愛情ではなく、ただの親の自己満足であり、甘やかしです。

甘やかされて育った子は、すぐに責任転嫁するダメな人間になってしまいます。

子どもを心から愛するのならば、子どもの能力を奪うのではなく、育むようなかかわり方をしなくてはいけません。

② 子どもに任せすぎる

最近は、子どものことよりも自分の欲求を満たすことを第一にしてしまう、精神的に未熟な親が増えているようです。

幼児虐待や育児放棄もその例です。

また、そこまではいかなくとも、「思春期は難しい年頃だから」と子どもの問題行動を見て見ぬふりをしたり、上っ面だけはいい親のふりをしながら、陰では自分の夢の実現のために、子どもを犠牲にする親もいます。

たしかに、思春期の子どもにあれこれと手や口を出すのは感心しません。

しかし、それでも親というのは、いつでも子どもの問題に対応できるように、身がまえている必要があります。

そうしなければ、すべてが後手後手にまわってしまって、気がついたときには大きな問題となっているからです。

子育てとは、自分の人生の時間の多くを子どもに分け与えることに他なりません。

つねに気を抜かず、子どもを見守り続けてください。

③ 手伝いなど家での役割を与えない

思春期の子どもは、勉強に部活に塾にと、やたらと忙しいものです。

しかし、だからといって、家の手伝いを何もさせないのは、あまり感心できません。

なぜなら、親は子どもに勉強してもらっているわけではないからです。

むしろ、勉強するチャンスをあげているのですから、家のこともきちんと手伝わせていいはずです。

とはいえ、本来ならば親の責任である下の子の面倒などを子どもに押しつけるのはいけません。

そうではなくて、子どもの年齢や生活状況に応じて、お風呂や玄関の掃除、食器の片づけなどといった役割をもたせるのです。

これは、子どもに責任を学ばせることになります。

また、勉強している子どもに「勉強してくれて、ありがとう」とは言えませんが、家のお手伝いをしてくれたら、「お風呂掃除をしてくれて、ありがとう」とは言えます。

自分以外の人のためになにかをすることへの喜びを学ぶためにも、家での役割をもたせましょう。

④ つい子どもに迎合してしまう

最近の親子はとても仲がよく、ケンカなどしないし、一緒にゲームや買い物をし、何でも話し合う、という話をよく聞きます。

親子の仲がいいのは、とてもいいことではありますが、度を超すのはよくありません。

親は子どもの友だちや兄弟ではなく、あくまで親だからです。

親でなければ言えないこともあれば、親だからこそ厳しく叱らなければならないことが思春期の子どもに対してはたくさんあるはずです。

なまじ子どもと仲がいいばかりに、嫌われたくないために、つい子どもに迎合してしまうなどということがあってはいけません。

まだ大人と子どもの中間地点にいる思春期の男の子には、何がよくて、何が悪いのか、どこまでが許されて、どこまでが許されないのかが、わからないはずです。

それをピシッと決め、教えてあげるのが親なのです。

⑤どんなことでもほめまくる

昨今では、「とにかく子どもはほめて育てろ」と言われ、どんなことでもほめまくって育てている親御さんもいるかもしれません。

たしかに、子どもをほめるのはいいことです。

しかし、いつでも、そしてどんなことでもほめまくっていると、いつしか子どもは自信過剰な人間になってしまいます。

根拠のない万能感をもった子どもは、社会に出てから、現実とのギャップに苦しみます。

自分の苦手なことやダメなことを受け入れることができずに、「ダメなのは自分ではなくて、自分をわかってくれない周囲の人たちだ」と思い込むかもしれません。

たしかに子どもの存在そのものや、生まれてきてくれたことについてはありのまま、たっぷりと愛してあげるべきでしょう。

でも、ダメだと思うことについては、「ここはこうだったらもっといいね」「○○することはよくない」などと、はっきりと子どもに伝えるようにするのも親の大事な務めです。

⑥子どもに他人の悪口や批判を聞かせる

最近では、お母さんと仲がいい思春期の男の子も多いようで、学校であったことをお母さんに報告することもあるようです。

そして、お母さんのほうも日頃のストレスを子どもに吐き出すこともあると聞きます。

親子が本音で語れるのは素晴らしいことです。

しかし、他人の悪口や批判は、誰かを傷つける可能性もあるネガティブなやりとりです。

また、潜在意識というのは、たとえ他人のことを言っているのだとしても、すべて自分のことを言っているのだと受け取るという性質があります。

つまり、当人たちは誰か別の人の悪口を言っているつもりでも、潜在意識には、自分を痛めつけるようなメッセージがどんどん入っているわけです。

親のほうが気をつけ、できるだけ他人の悪口は言わないようにしましょう。

⑦「しつけ」と称して乱暴な言動をする

一昔前のように、何かにつけて子どもを叩いたりする親はいなくなりました。

しかし、それでもまだ「しつけ」と称して、子どもを叩いたり、殴ったりする親がいるのも事実です。

どんな場合であろうとも、子どもに手をあげたり、物をぶつけたりするのは虐待に他なりません。

また、直接、手は出さずとも、子どもの前でドアをバンッと閉めたり、物にあたったり、大声で脅したり、無視するのも虐待です。

「おまえのためを思って……」というのは、親の言い訳です。

子どもを痛めつけることによって、自分の怒りやストレスを発散しているだけです。

子どもに何かを教えるときに、脅しや痛みは必要ありません。

虐待されて育った子どもは、大人になってから心や体、人間関係に問題を抱えます。

そして、とても高い確率で、自分が親になってから子どもを虐待するようになります。

どうぞ、どんなことがあったとしても、子どもの心や体を痛めつけるようなことをするのはやめてください。

⑧自分の夢を子どもに託す

前の章でもお話ししましたが、親がかつて叶えられなかった夢、入りたかった大学、憧れていた職業などが、知らず知らずのうちに子どもの目標になっていることがあります。

親が自覚している場合も、そうでない場合もありますが、どちらの場合も、親は「あなたのためなのよ」「おまえにとってベストな選択だ」と思い込んでいます。

親の潜在意識レベルでは、「自分には叶えられなかった夢を、子どもの人生を使ってやり遂げよう」という思いが潜んでいるのです。

しかし、子どもは親の人生の延長コードではありません。

親にとってベストなことが、必ずしも子どもにとってもベストであるとはかぎらないの

です。

当たり前のことですが、子どもの人生は子どものものです。

親であるあなたの人生の時間は、まだまだ残っています。

どうぞ、力のかぎり自分の人生を輝かせてください。

⑨表面的な正しさばかりを教える

子どもに何かを教える、助言する、注意する――。

親は、たくさん子どもに伝えることがありますよね。

その際には、当たり前ですが倫理的で道徳的なことを教える必要もあるでしょう。

しかし、必ずしも、それらが問題解決のための正しい選択だとはかぎりません。

たとえば、「先生や先輩など目上の人の言うことは素直に聞け」という教えがあったからといって、明らかに悪いとわかっている行為を、言われたままにやってしまうのは完全な誤りです。

子どもには、本音と建て前や、物事の優先順位、何よりも人の心や体を大切にすることが最優先であることを教えておきたいものです。

そして、たとえふだんは距離を置いていても、本当に迷ったり、困ったりしたときには、親に相談できるような関係性をつくっておきましょう。

⑩昔ながらの「男らしさ」を求める

「さすが男の子ね」「男は泣かないものだぞ」「もっと男らしくしろ」などと、ことさらに「強い男の子」を賞賛したり、強要すると、子どもの潜在意識には、「弱いところを見せてはいけない」「強くなければ認めてもらえない」「いつも勝たなければダメだ」というようなプレッシャーが植えつけられます。

ぜひ、昔ながらの「男の子らしさ」というものを見直し、真の強さの意味を、子どもに教えてあげてください。

真の強さとは、けっして見てくれの筋肉や力、権威、意地などというものではなく、ときとして自分が損をしても、大切な存在や弱者を守ろうとする勇気、失敗から立ち直る力、他者に対するやさしさなどをもち合わせていることです。

男性としての本当の格好よさとは何かを、さりげなく教えてあげましょう。

⑪ 子どものために自分を犠牲にしすぎる

親というのは、基本的には「自分のことよりも子どものために……」と思うものです。「子どものために離婚できない」「子どもがいるから働けない」「子どものために嫌な仕事でも我慢している」と親が思いながら暮らしていると、口では言わずとも、子どもには伝わってしまいます。

もちろん子どもは感謝しますが、それ以上に「自分のせいで親が不幸になった」と罪悪感でいっぱいになります。

自分の存在そのものが親の幸せの邪魔になっているのだとしたら、とてもいたたまれないでしょう。

だから、ぜひあなたも、自分の人生に責任をもって、今からどんどん幸せになるように行動してください。

親が幸せそうに生きているだけで、子どもは安心し、救われます。

3 親が癒されると、自然と子どもの問題は解決する

小さい頃は「パパー、ママー」と無邪気にまとわりついてきた息子が、機嫌の悪いときが増え始め、しだいに反抗し出し、気がついたら、まるで敵を見るかのような目つきでこちらを見ている……。

思春期の男の子をもつ親は、多かれ少なかれ、このような体験をし、困惑と寂しさを抱えているのではないでしょうか？

親として勉強不足だった私は、息子が思春期に突入した頃、何とか以前のような関係に戻そうと躍起になったのを覚えています。

ところが、こちらが頑張れば頑張るほど、息子の心は離れていきました。

今思えば、「思春期の男の子との、ちょうどいい距離感」というものをまったく理解できていなかったのが原因です。

思春期の男の子は、まさに依存と自立のはざまにおり、そのあやうく不確かな立場に不

安や葛藤を感じています。

だから、小さな頃のようにベタベタしてもダメ。かといって、放ったらかしもダメ。敵同士になるのもダメ。

愛情を伝えながらも、ほどほどの距離をとれるようになれば、息子が大人になるための親子の分離はほぼ成功です。

とはいえ、かわいい息子ですから、ついつい昔の愛の形にすがりつきたくもなりますよね。

まさに親にとっても、子離れの試練のときです。

そして、何より気をつけていただきたいのが、この思春期の時期こそが、子どもの人生にとって大きな転換期になる、ということです。

この時期に抱える子どもの問題は、それまでの子育ての弱点が浮き彫りになって出てきたと言うこともできます。

そして、その問題に上手に対応できなければ、子どもの後々の人生にまで影響を及ぼす可能性が高くなります。

だからこそ、親は依存と自立のはざまにいる子どもの問題に上手に対応していく必要があるのです。

その対応の仕方は、それぞれの問題に応じて、この本の中でお話ししてまいりました。

ここでは、もう少し深いお話をしたいと思います。

各章の随所でも触れましたが、親と子どもは深いレベルでつながっています。

私は20年にわたって、親と子の問題にアプローチする心理セラピーを提供してきました。そして、親が癒されると、子どもの問題のほとんどは改善、解決されることがわかりました。

何だか胡散臭いなと思われたかもしれませんね。

しかし、じつはこの理論は、根拠のあることでもあります。

序章でもお話ししたことですが、交流分析という心理学では、「人は人生の早期に、親とのかかわりや親の生き方を見ることによって、『自分はこのように生き、このように死んでいこう』と無意識に決めており、そのとおりに生きてしまう」と言われています。

これは、映画やドラマのシナリオのように潜在意識に書き込まれているので、「人生脚本」と呼ばれています。

そう、親とのかかわり方、親の生き方が子どもの人生に大きな影響を与えているのです。

とくに小さな頃の子どもは、親と一体化することで育っていくもの。

親と子どもは、まるで合わせ鏡のように影響し合っているのです。

親の心の傷は、知らず知らずのうちに子どもに影響を与え、それがさまざまな形となって問題化します。

そして、その問題は、子どもが育つにつれて大きくなります。

もちろん、今、起こっている子どもの問題を無視して、親の心を癒せと言っているわけではありません。

各章でお話ししたことを参考にしていただき、まずは現実の問題に親として適切に対応したうえで、ちょっとだけご自身の心にも目を向けていただきたいのです。

この本では、各章の最後に親の心の傷を癒していただくページをご用意いたしました。

どんなに反抗している子どもでも、親の幸せや健康を願わない子はいません。

親が健康で幸せであるからこそ、子どもも安心して自分のやりたいことに挑戦できます。

あなたも、どうぞ今以上にご自身の心と体を大切にして、豊かで幸せな人生を歩んでください。

おわりに　親が幸せになれば、きっと子どもも幸せになります――

最後までお読みいただきまして、どうもありがとうございます。

今、思春期の息子さんのことで悩んだり、苦しんだりしているあなた。

本当に、本当にご苦労さまです。

ときに腹が立ち、ときに罪悪感にかられ、ときにどうしようもなく途方に暮れることがあろうかと思います。

でも、そんなときこそ、胸を張ってください。

なぜなら、そこまで苦労しているのは、あなたが息子さんを心から愛している証だからです。

いつでも、どんなときでも忘れることはない。「もう、どうでもいい」と思おうとしても、つい心配してしまう。「苦しんでいる姿を見るくらいなら、自分が変わってやりたい」と思う。

親というのは、いったいどれほど子どものことを愛しているものなのでしょう。

でも、子どもを産んだから、あるいは産まれたから、親になるわけではありません。

毎日、ともにすごし、自分の人生の時間やエネルギーを分け与えて育てたからこそ、親になるのです。そこには、血のつながりなど関係ありません。

「この世に、自分以上にこの子のことを愛し、幸せを願う存在はいない」

そう思える人が、その子にとっての本当の親です。

だから、思春期の息子さんが今、未熟さゆえにあなたに反抗したとしても、動じる必要はありません。あなた自身が、親であることに自信さえもっていれば、それでいいのです。

あれだけ反抗していた、わが息子ですが、今ではたくさんの動物たちの命を救う獣医師となりました。あいかわらず、母親である私とは多くを語りませんが、書店では必ず私の拙著を探してくれているようです。

「はじめに」でもお伝えしましたが、この本ではたった2つのことをやっていただきたくて、さまざまな方法をお教えいたしました。

1つは、誰よりも愛していることを息子さんの心にしっかりと伝えること。

そして、もう1つは、息子さんのためにも、親であるあなた自身が幸せになること。

なぜなら、子どもは、親が子どもを思う気持ち以上に親を思っているものだからです。

親は子どもを育てることによって親になりますが、子どもは産まれながらにして、あなたを誰よりも愛し、信じている、そんな生き物だからです。

そう、あなたが幸せでなければ、子どもは本当の意味で幸せにはなれないのです。

だから、どうぞあなた自身が人生を楽しんでください。

うんと幸せになってください。

この本は、少しでもそのお手伝いをしたいという思いから書かれた本なのです。

最後に、いつも誠実に対応してくださる大和出版のみなさまに心から感謝いたします。

とくに、この本を提案し、世に出してくださった大和出版の竹下さんの息子さんたちへの思いは、私がこの本を書く大きなエネルギーとなりました。感謝してもしきれません。

そして、最後の最後に、息子へ。

まだまだ親としては未熟者のお母さんですが、あなたの母親になれたことが、私の人生での最大の喜びです。

あなたに望むことはたった1つだけ。

思いっきり幸せになりなさい。


親と子の心理コミュニケーション協会　代表　中野日出美

言葉にできない気持ちをわかってほしい
思《し》春《しゅん》期《き》の男《おとこ》の子《こ》が親《おや》に求《もと》めていること

2018年 8月10日　初版発行
2020年 4月19日　2刷発行

著　者……中《なか》野《の》日《ひ》出《で》美《み》
発行者……大和謙二
発行所……株式会社大和出版
東京都文京区音羽1-26-11　〒112-0013
電話　営業部03-5978-8121／編集部03-5978-8131
http://www.daiwashuppan.com
印刷所……信毎書籍印刷株式会社
製本所……ナショナル製本協同組合

ISBN978-4-8047-6304-0

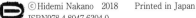